杉本信行

大地の咆《ほう》哮《こう》

元上海総領事が見た中国

PHP

解説――杉本信行氏と中国

岡本行夫《おかもとゆきお》
（国際問題アドバイザー）

わが友、杉本信行は、病を得て、いま重大な局面にある。

それを押して、彼はこの本を書いた。使命感で書き上げたのである。

決して誇張ではない、この本は現在の中国を分析するものとして世界中で書かれた多くの著作のうちでも屈指のものだと思う。現代中国の真の姿をこれほどよく分からせてくれる本に出会ったことはない。

中国の特徴や、抱える問題の淵源が、スルスルと、こんがらがった糸がほどけていくように、解き明かされていく。豊富な情報と経験を基に、平易な語り口で、真実が綴られる。現役の外交官が、病気と闘う中で、自分の経験と考えを、脚色や誤魔化しなしに、そのまま我々に伝える決心をした。筆は奔流の如く、勢いがある。

この本は、日本政府の担当者が、中国の反応を気にせずに叙述した初めての試みでもある。だから、ハッとするほど抉りこみ方が鋭く、視点が深い。例えば、中国での宗教について論じたあと、中国は民主化のためにバチカンと国交正常化すべきだと提言する。中国についてそこまで思いを至らせた人間がいただろうか。

現在の中国がかかえる最大の脆弱性は、国民の貧富の差、そして地域間の格差だろう。杉本氏の視点は基本的に弱者に向けられている。「三提五統」の下で苦しめられる中国農民の状況と、それが中国政治に与えている影響について、彼は淡々と、しかし踏み込んで説明する。

その思いは台湾にも及ぶ。中国と台湾関係の政治的構造だけを見ても、この問題の難しさは、台湾に蔣介石の「敗残兵」がなだれ込んできた時代からの経緯を知らなければ理解できない。「台湾人の悲哀」を語る杉本氏の説明は簡明直截で、説得力がある。

杉本氏が最も心を傷めているのは、日中関係の悪化だ。

日本のＧＤＰは、早くも一九五二年には戦争開始前の水準に戻っていた。国民の心の傷も、戦後の復興の中で癒され、忘れられていった。戦争の惨禍は、日本国内では十年も経たずして消えた。

未だに治癒されていないのが、周辺諸国、特に中国と韓国の感情である。大きな戦争の後遺症は、往々にして一世紀近く残る。侵略された国々が日本に対して深いところで抱く痛みと怨念は、意識的に相手の気持ちを探ろうとしない限り加害者の側からは分からない。日本が行う経済協力や飾り言葉だけで日本への理解が深まるほど事は単純ではない。

日本は国家として正式に過去の侵略行為につき謝罪してきた。杉本氏はこのことを日中国交正常化の時点にまで遡って解説する。しかし、中国民衆には届いていない。何故なのか。

中国の反日運動に中国共産党のお家の事情があることは、日本人の間では常識だ。杉本氏も、この本の中で、中国共産党が自らの正統性を高めるために殊更に日本軍の悪業を誇張してきたさまを明らかにした。だが日本にもなすべきことがある。杉本氏は、その思いで、日中関係のためにさまざまのことを行ってきたが、個人でできることには限りもある。靖国について杉本氏は随所で触れるが、その書きぶりは率直にいって揺れている。彼の心の悩みを映しているのだろう。

外務省には、「チャイナスクール」と呼ばれる人々がいる。中国の専門家となるべく育てられ、中国で研修し、勤務し、日中関係に従事する。だからといって中国に迎合すると決めつけるのは気の毒だ。中国のことを知り抜いて、中国に対する厳しい見方も持っている。杉本氏もその一人だ。この本を読む人は、杉本氏の厳しい見方にびっくりするかもしれない。彼は、中国の腐敗や構造的不公正についても容赦なく筆を進める。

外交官には、民間の企業活動を「商売」と呼んで、あたかも政治や外交といった活動の一段下の事象であるかのように見る風潮がある。しかし、日本の実体的な国益のほとんどは、安全保障と経済利益から成り立っている。政治と外交とは、結局この二つのものに国益を収斂させていくためのものである。

杉本氏は、行動する外交官として、民間人と共に苦労してきた。「金を貸すバカ、返すバカ」といわれる中国で苦闘する日本企業の悩みに耳を傾け、トラブル解決のために奔走した。

彼はこの本の「まえがき」で、中国を、観念ではなく現実に即して論じることが大切だと説く。そのとおり、この本には多くの実名と固有名詞が登場する。その事実の重みが迫力をもって我々に語りかけてくるのである。

中国は圧倒的に重要な隣国である。その中国との関係が、十数年かかってここまで悪化した。再び日本と中国が一九八〇年代のような良好な関係に戻れるとしても、長い年月がかかるだろう。そう考えれば、十数年先に実を結ぶ措置を、いまから考えて実行していかなければならない。杉本氏は、その将来を見据えて行動する人々の先頭にいた。彼の思いは日本の長期的な利益という一点にある。

二年前、病気が発覚する直前に、杉本氏と共に、彼が研修した瀋陽の遼寧大学を訪ねた。暮れなずむ大学のグラウンドを見ながら、彼は「日中は必ず理解しあえます」と静かに、しかし自信をもって断言した。

天は、過酷な試練を、この愛国者に課した。

ご自身と家族のためだけでなく、日本のためにも、彼の復帰を願うばかりである。

まえがき

二〇〇四年春、上海の日本総領事館で、一人の館員が、このままでは国を売らない限り出国できなくなるとの遺書を残して死んだ。私は、そのときの総領事であった。

上司として、館長として、彼を守れなかったことへの無念さはいまも変わることがない。

この事件に遭い、また、私が外交官として長年関わってきた中国との交渉体験を通して、「現代中国をどう認識し、どう対応するのか、日本の対中外交はどうあるべきか」について述べることが、私の役割であり、今後の日中関係、対アジア外交に何らかの役に立つのではないかとの思いに至り、本書に取り組んだ次第である。

私は外務省ではいわゆる「チャイナスクール」（中国語の語学研修を受け、中国関係の仕事に多く携わる外務官僚）に属している。もっとも、私自身はそのような囲いの中にとらわれているという意識はまったくない。あくまで日本国の外交官として、日本の国益を第一に、地域の平和と安全、繁栄のため、行動してきたと自負している。

外務省入省以来三十三年。語学研修時代を含め、これまで合計十四年近くを中国で勤務してきた。その中で、中国の光と陰、可能性とリスクなど、この国の持つ多面性と多様性に、たびたび驚かされてきた。私の中国観は、外務省の地道な情報の積み重ねと分析のうえに、現地での政治・経済両面の実体験を加えて形成されたものだ。

中国認識で大切なことは、各種データによって観念的に中国を観ることではなく、できるだけ机上の理論を排した現実に即して、中国を理解することだと考える。なかでも、中国共産党が支配する「中華人民共和国中国」の現体制と「中国人一般」を同一視しないことが肝要だと考えている。中国の政治体制、支配層だけを見ていては中国のことはわからない。政治体制の観察は非常に重要だが、支配層だけでなく、十三億の民、とりわけ、いまだに封建時代のような身分制度を押しつけられている九億以上の農民の現状を直視することが大切である。

文化大革命末期の体験を含む長年の中国勤務を通じ、正直「中国に生まれなくてよかった」と思うこともあった。中国では一般人、ましてや農民からある程度の地位に這い上がることは至難のワザである。また、一定の地位についても、「密告社会」「監視社会」の中で生き延びるためには、上司、同僚、友人、知人から「刺されない」ことが必要で、ときには友のみならず、親兄弟までも密告しなければ生きていけない時代があり、いまもそうした面は完全になくなっているとはいえない。

私は、本書の中でしばしば「中華人民共和国中国」に対して辛口な意見を述べている。しかし、それは決して「中国人一般」に対する非難ではない。「このままでいいはずがない」という率直な思いからである。日中双方の人々が互いの状況を正しく認識することは、両国の国益につながると思うからである。

また、中国共産党の一党支配による中華人民共和国の体制は外部からは揺るぎないものに見えるかもしれない。長期的かつ壮大な世界戦略のもとに着々と覇権戦略を進めていると考えている人も少なくない。確かに一部にはそうした傾向があるが、中国共産党指導部内部では自信のなさや悩み、不安、将来への悲観が渦巻いている。共産党による支配体制がいつまでも続くと思っている党幹部はむしろ少数派だとすらいえる。

たとえば、「太子党」といわれる革命元老の子弟グループの間でささやかれている小噺がある。文化大革命で迫害を受けて身体障害者となった鄧小平の子息、鄧樸方が、文革が終息した後、父親に「やっと入党の準備ができた」といって共産党への入党申請書を見せたところ、父親、すなわち鄧小平が、「お前は何ということを言い出すのだ。お前が共産党に入党すれば、鄧家はいずれ根絶やしになってしまう」といって止めたという話である。この小噺の真偽のほどは明らかではない。しかし、このことは共産党最高幹部でさえ、中国共産党の将来に自信を持っていないことを物語る一つのエピソードといえよう。

また、中国の革命第二世代、第三世代の党指導者たちの子弟たちの多くは海外留学に出ているが、将来、中華人民共和国のために働くというより、共産党の支配体制が崩れた場合に備えているといったほうが正しいのではないだろうか。海外留学生たちの多くが中国に帰らず、そのまま留学先にとどまり、そこでの永住権を得る例が多いことがそれを物語っているともいえる。

戦後、中国共産党との内戦に敗れ台湾に亡命し、台湾人を長年支配した中国国民党幹部の子弟の多くが海外へ留学したのも、国民党の支配が崩れたときの避難先を確保しておくという狙いがあったことは、台湾在任中によく聞いた話である。

このように、中国共産党による支配体制が磐石のものであるという認識は必ずしも正しくないし、そうした認識からのみ対中戦略を考えることは一面的に過ぎる。中国指導部の中にある覇権主義的な傾向には常に警戒が必要だが、同時に、中国の体制の脆弱性、不安定さについても、実情と実態を把握しておく必要がある。すべてを硬直的な固定観念だけで中国を見ていては間違うということだ。

中国の指導部が現在頭を悩ませている最大の懸念は、対外政策というより国内政策である。なかでも「三農問題」といわれる農村の貧困、農民の苦難、農業の不振などに対する懸念は想像以上に大きく、すでに中国社会、中国の政治体制を揺るがしかねないほど深刻化している。中国の農村の実態、農民に対する差別や収奪ぶりを見れば、あまりのひどさに言葉を失うほどだ。都市部の発展に比例して、農民の不満、共産党政府に対する怒りは高まっている。中国の農民にとっては、中国共産党政権の正当性、および正統性はすでに失われているといっても過言ではない。

中国に対する脅威論が高まり、中国の覇権主義に対する警戒論が強まっている。警戒は怠ってはならないが、中国が攻撃的ともいえる対外政策を進めるのは、国内の不安定さゆえという面がある。中国共産党政権の正当性、および正統性を維持するためには、対外強硬路線を取る以外にない、といった脅迫観念にとらわれているようにも見える。あるいは、かつて最も栄えていたころの中国王朝の版図《はんと》を取り戻すことが、中国共産党政権の正統性を維持するために不可欠と思っているようでもある。しかし、そのようなやり方でなければ共産党政権の正当性、および正統性を維持できないと、現代の中国人がいつまでも考えるとも思えない。

中国の対外強硬政策の背後には、本文の中で詳述するが、「義和団コンプレックス」と呼べる感情があることも忘れてはならない。「義和団コンプレックス」とは、偉大な国・中国がいまも外国によって侮られているという感情である。

中国人一般の気質についても、日本では一面的な見方が多すぎるように思う。中国人は倫理観に欠け、平気で人を騙す、というようなものである。中国では経済関係の仕事が多かった私は、中国に進出した企業からさまざまな不満、不平の訴えを聞いた。中国人を心から信頼していたのに裏切られ、中国に投資した資産を根こそぎ持っていかれてしまった、といったトラブルだ。

しかし、一方で、いったん相手を信用すると、日本では信じられないほどの信頼を寄せてくる中国人がいることもまた事実である。ある知人は、相手方の中国人が自分をあまりにも信用するので怖いほどだと話していた。借金を申し入れたところ、担保もとらずに巨額の資金を貸してくれたうえ、返済は出世払いでよいといったという。

これをどう解釈するか。人を騙すのが当たり前の中国人社会だからこそ、信用できる人間を見る目が肥えていると考えるか。あるいは、中国人の「宗族」(同じ姓の同族)を中心に結束を固める意識に通じるのか。つまり、いったん「宗族」のような身内同様と判断すれば、全幅の信頼を寄せてしまうのか。ともあれ、これほどまでの信頼は日本人にとっては息苦しいと思われるのだが、これもまた中国人の一面である。

中国は日本にとって、時としてやっかいな隣国である。しかし、だからといって日本は引っ越すわけにはいかない。中国が日本にとって好ましい存在になるように全力を尽くすのが外交の要諦だと考える。少なくとも中国の失政のつけが日本に回ってこないよう賢明に立ち回ることが大事だ。

中国をどう認識すべきか。それは、中国の歴史とともに、中国社会の現状を知ることから始めなければならない。本書を私の外務省入省後の中国体験に沿って書き進めているのはそのためである。おつきあい願いたい。

本書をまとめようと考えた個人的動機については「あとがき」に記した。なお、本書はあくまで私の個人的見解であり、信念である。異論、反論も少なくないと思われるが、中国認識や対中外交の議論に一石を投じることができれば幸いである。

大地の咆哮《ほうこう》★目次

第七章——対中ＯＤＡに物申す（二度目の在中国大使館勤務）

第十章――搾取される農民　199

第十一章――反日運動の背景　222

ブックデザイン――印牧真和
カバーの草書――杉本信行（李白の詩）
カバー裏の工筆画――杉本裕子

大地の咆《ほう》哮《こう》

——元上海総領事が見た中国

第一章——中国との出会い

一、北京研修時代

★予想外だった「中国語研修」の辞令

語学研修のため初めて北京を訪れたのは一九七四年九月のことだった。

当時は直行便がなく、香港で一泊してから汽車に乗って香港側ボーダー（国境）の羅湖まで行き、ボーダーとなっている橋を歩いて渡った。ボストンバッグと大きなジュラルミンケース、箱詰めされた自転車。それが日本から持ってきた荷物のすべてだった。

橋を渡ったところが深圳。後に、改革・開放の発展モデルとして瞬《また》く間に人口数百万の大都市になった深圳だが、当時は見渡すかぎり田圃の広がる農村だった。

橋の向こうの詰め所に人民解放軍の兵士が立っているのが見え、思わず緊張する。

「どうしてこんなところに来る破目になったのか。生きて日本に帰れるのだろうか」

羅湖（当時香港）から深圳へ、歩いて渡った橋

不安を抱きながら、私は初めて中国の地を踏んだ。

外務省の入省試験には志望語学の欄が三つあり、私はごく常識的に英語、フランス語と書いて、たまたま三つ目に続けて中国語を加えた。当時ちょうど世間で中国との国交正常化について論議されていたからか、何の気なしに「中国語」と書いたのだ。

いまから思えば、このとき、賽《さい》は投げられていたのだろう。

とはいうものの、七三年四月に入省するやいなや、上司から語学研修について、「君は中国語だ」と命じられた私は正直暗澹《あんたん》たる気持ちになった。

外務省の慣例として、入省した上級試験合格者はその後の進路を踏まえて、現地で二、三年、語学研修を目的とした留学をするのがきまりとなっている。

当時、人気は英（米）と仏の両国語に集中し、ドイツ語、スペイン語と続く。これらの語学は原則として二年間の研修が義務付けられている。一方、習得が難しいロシア語、中国語、アラビア語は特殊語学として三年間の語学研修を行うこととなっている。

私が入省した当時、六六年に始まった文革の真っ最中だった中国大陸で語学研修を行う物好きはそうそういなかった。

ここで白状しておくが、入省する際に、中国問題に取り組みたいという使命感とまでいかずとも意識があればそれでよかったのだが、当時の私にはそういうつもりはまったくなかった。いまでこそ国の将来をも左右する最大の外交課題と考えているが、天職という意識は仕事についてから生まれ育つものだろう。

ともあれ予想外の展開を受けて、必死に抵抗を試みたものの、ことごとく撥《は》ねつけられてしまった。そこで、

「だったら、せめて大陸じゃなくて香港で研修をやらせてほしい」

と当時の上司、小倉和夫首席事務官（現国際交流基金理事長）に談判に及んだ。

これには正当な理由があり、前年から大陸での中国研修がスタート、第一期生である先輩から、「やっぱりこんなところでは語学効果は上がらないよ」という話が伝わってきていたからだ。

ならば、中国語を外国人に教える方法がエスタブリッシュされた香港で学ばせてくれてもいい

ではないか。おおいに抵抗する私に向かい、小倉首席は言下に、「こんな貴重な体験ができるなんて、外交官冥利に尽きるのではないか」といって大陸行きへの引導《いんどう》を渡したのだった。

★北京の夜は真っ暗闇だった

ついに中国の地を踏んだ私の頭の中で、本で読んだだけだが、文革時に繰り広げられた内部闘争や下放《かほう》となった人々の悲惨な話が浮かんできた。いまからそういう世界に入っていくのだという暗澹たる気持ちで、私は深圳のイミグレーションオフィスに並んだ。

イミグレーションを通過すると、現地の出迎えの人間が待っていた。人民服を着、私を監視するような眼差《まなざ》しだった。

深圳からふたたび列車で広東省の省都・広州まで行き、広州市内の白雲空港から北京まで飛んだ。

学生時代のバックパッカー旅行で、世界各国の飛行場を見てきた私にとって、北京空港はきわめて特殊な空港だった。ランディングアナウンス後、高度が下がってきたが、丸窓から見下しても何も見えない。それまで降りたどんな辺鄙《へんぴ》な都市も、飛行場の周りにだけは灯《あか》りが集中していたが、眼下にはただただ暗闇が広がっていたのだ。

それでも高度はどんどん下がっていく。不時着するのではないかと思った次の瞬間、滑走路の部分だけ電気が点《つ》いているのが視界に入ってきて、機体がバウンドした。

飛行機から降り、ほとんど電気が点いてないようなターミナルで手続きを終えると、出迎えに来てくれた先輩書記官の顔が見えた。

車に乗って走り出して改めて驚かされた。空港同様、道路が真っ暗で、街灯というものがない。しかも車はなぜか無灯のまま。なんとなく並木道であるのがわかるのは、道路のところどころに灯っている裸電球の光により並木がポツポツ浮かび上がっているからで、車はそれを頼りに走っている。カーブで対向車線が見にくくなると、ドライバーはパッシングライトをぱっと点けてはすぐに消していた。

空襲を防止するという軍事的な理由で車の夜間の点燈走行を禁止しているのであるが、危なくて仕方がない。すごいところにやってきたものだ。これが十二億人の中国の首都北京なのだろうか。

身震いする私を乗せた無灯火の車は、暗闇の北京市街を一時間半ほど走り、ようやく宿泊先の「友誼賓館」に到着した。

最初の北京が私に強烈にもたらした印象は〝真っ暗〟、その一言に尽きる。

★最初に覚えた中国語は「没有（メイヨウ）」

翌朝、迎えの先輩研修生に連れられ、大使館へと向かった。

夜の北京とは異なり、昼間の北京の印象は〝真っ黄色〟。舗装された道路はところどころしかなく、黄色い土が剝《む》き出している。埃《ほこり》がわんわんと舞う黄色の大地を走る。まれに見かける街路樹にはかろうじてポプラの葉が残っていたが、とにかくこの街には緑が圧倒的に少ない。それが第二の北京の印象だった。

大使館でひととおり挨拶を終えると、紹介されたホテル「新僑飯店」に移動した。ホテルとは名ばかりで、クーラーがついていない。九月の北京の残暑は想像以上で、バスタブに水を張って浸《つ》かって寝たというぐらい暑かった。

一カ月が経ち、ようやく研修先の北京語言学院での生活が始まった。留学生扱いの私はさっそく留学生寮に連れていかれ、「はい、ここがあなたの部屋」と招き入れられた私は愕然《がくぜん》とした。広さは六畳ちょっと、パイプベッドが二つ、木の机と椅子と衣装ダンスが二組。下はコンクリート剝き出し、壁は漆喰《しっくい》が塗ったままで、まるで刑務所の独居房を二人部屋に改造したような感じだ。部屋に入った途端に、部屋のいたるところに溜まっている埃の塊《かたまり》がいっせいに舞った。一歩歩くたびに埃の津波が起きるのである。

留学生寮への入寮初日は、部屋の大掃除に明け暮れた。

それから布団やちょっとした小物をそろえようと街に買い物に出た。当時は配給制が敷かれ、布票（プーピアオ＝布配給キップ）と糧票（リアンピアオ＝食糧キップ）を持たないと、お金があっても何も買えない。

はじめは配給制に面食らうばかりで、店に行きショーウィンドーに置いてあるものを指して、

「これをください」というと、店員から必ず「没有（メイヨウ）」と返される。「没有」は「ないよ」という意味で、日本人留学生がまず最初に覚える中国語だ。

しかし、実際にはそこに商品が置かれてあるので、「あるじゃないか」というと、ふたたび「没有」と返され、「これは見本である。これを売ったら見本がなくなる」といわれる。この国ではモノが表面上あるように見えても、じつはない。それが理解できるようになるのに時間はかからなかった。

自転車をわざわざ日本から持っていったのも、一年前に行った先輩研修生からのアドバイスだった。現地で買ってもすぐ壊れる。日本製と違って、重いし使いにくい。しかも、自転車は百人民元、日本円にして一万五千円とけっこう高価で、当時の中国人の二、三カ月分の給料といわれていた。そんなわけで、私は日本製の十二段変則ギアの自転車を持っていった。

われわれ外国人の場合は持ち込んだ外貨を強制的に中国の通貨である人民元に換えさせられていたのだが、このレートが実務レートに比べ、べらぼうに高かった。一人民元が当時は百五十円程度しており、いまの十倍は強かったのだ。

そんな元高ではさぞかし生活に困るかといえば、そもそも買いたい商品がないので、お金の使い道がなかった。

とにかく物は買えない。あっても売ってくれない。そのうえに、買いたい物がない、というないない尽くしの生活が始まった。

★謎の中国人ルームメイトの正体

留学生寮が二人部屋だったことも問題だった。

じつは私の一年先輩のときはすべて外国人留学生同士の相部屋生活であったが、先輩たちは、それでは中国語が上達しないから中国人の学生と同居したいという要求を出していた。一年目は人員不足を理由に大学側から拒否されたのが、二年目の私が留学する年から受け入れられた。

「わかりました。そんなに希望するのなら、中国人と相部屋にしてあげましょう」

ありがたく思え、みたいないわれ方で、私にルームメイトが割り当てられた。

そのルームメイトは、研究機関に勤務する三十過ぎの妻帯者で、子供もいるという。今後の日中関係を見据えて、日本語を習得するため私と一緒に住むよう機関から命じられたらしい。もっとも彼は妻帯者なので、毎週末には自宅に戻っていくという変則ルームメイト関係だった。

中国人ルームメイトができても、私の中国語に大きな恩恵はなかった。なぜならば、彼が外国人の私と接触するのをひどく怖がったからだ。

「ニーハオ」と呼びかけて、「お名前は」と聞くと、姓名ぐらいは答えるのだけれど、続けて「出身はどこですか」とか「家族は何人いるのですか」「兄弟はいますか」と聞くと、何を警戒しているのか、一切プライベートに関する質問に口をつぐんでしまう。こういう人とこの先ずっと住むのかと思うと、またがっくりときた。

その後も、彼との会話は成り立たなかった。

「今日は何をしました」とか「今日はいい天気でよかったですね」と毎日二言三言交わしたら、もう言葉が続かない。

それでも最初のうちは嫌がられても挫《くじ》けずにトライした。日本から缶詰や菓子が送られてくるたびに、「一緒に食べよう」と誘ってみるが、決まって、「要らない」と首をふる。

部屋に戻ってきた彼に話しかけようとすると、「これから日本語を勉強しますから、邪魔をしないでください」と声を出して日本語の教科書を読み始める。それでも終わったのを見計らって、「どんなことを勉強したのか。わからないところがあれば教えますよ」と申し出ると、「図書館に行ってきます」とプイと外出し、寝る直前まで帰ってこない。

こうして同じ部屋に住みながら彼がどういう人物なのかほとんどわからないまま一年が過ぎた。

後日談がある。

時は流れて、私が二度目の中国勤務で北京に赴任した九八年、北京大学主催の講演会に招かれ、講演する機会があった。日中関係について中国語で喋り終えると、初老の男性がこちらに近づいてきて、「私を覚えていますか」と尋ねてきたのである。もう二十年以上経っていたが、彼だとすぐにわかった。

その日をきっかけに、やっと初めて彼との付き合いが始まった。驚いたことに、彼は社会科学院・某研究所の所長、夫人は北京の有名図書館の副館長というエリート夫婦だった。彼らを食事に誘い、初めて自由に話し合ってみて、当時が彼らにとってもいかに息苦しい時代であったか、どれほど外国人を警戒しながら暮らしていたのかがわかった。

そういう時代だったのだ。

★「おまえの思想は間違っている」

私が学んだ語言学院においては、日本の外務省の研修員というのは非常に特殊な立場であったようだ。

他の留学生はいわゆるそれぞれの国の「対中友好分子」だった。たとえば、フランスからは共産党支部、カンボジアからはシアヌーク殿下の亡命政権、フィリピンからは共産革命軍など、要するに毛沢東に心酔しているような組織から派遣された連中が集まっていた。日本からはやや特殊で、日中友好協会の、高校を卒業したばかりの若者に加え、私のような政府派遣の研修生が送られてきていた。

受け入れる側の中国も、そうした「対中友好分子」をなんとかより親中派に育てようとする方針だから、私のように資本主義国の政府から派遣されてきた特殊で扱いにくい留学生に対しては、露骨に差別があった。当然ながら、私には防空壕《ぼうくうごう》の代わりに造られた北京市の地下鉄など戦略的な場所を見学する機会は与えられない。

学校の授業の内容についても、語学研修が目的であったにも関わらず、学校側のもっぱらの関心は語学よりも非共産主義世界からやってきた非革命分子の思想を改造することのほうに関心があったようだった。

したがって、教科書の中身はそうとう偏っていた。模範共産主義青年団員で事故死した雷鋒とか、解放軍に同行し共産党に尽くしたカナダ人医師といったエピソードばかりが載っており、ほとんどすべてが「共産党革命」を礼賛する話で、それを何度も繰り返し叩き込まれては作文を書かされたものだ。

そうした押しつけに反発した私がかなり批判的な作文を提出すると、担当教員は文法を直すことはそっちのけで、「おまえの思想は間違っている」と内容を直してくる。これではあまり語学の勉強にならないわけだが、実際にはこうした授業が続けられていた。

当時、共産党の教育部門は、教育委員会、教育部ではなく、「革命委員会」という組織が、裏側ですべてを牛耳っていた。

六〇年代始め頃までは外国人留学生受け入れ用のそれなりの教科書があった。それを、革命委員会は、「昔の教科書は思想上問題があって使えない」と全否定したのである。

だから、語言学院で外国人に中国語を教える教師は改めて教科書を作り直さなければならなかったが、間に合わないのでそれこそ手書きのガリ版の教材でわれわれに教えていた。

前述したような革命礼賛のエピソードを例文に文法の解説をしたりして、毎回毎回新しいガリ版刷りを渡された。教師は教師で試行錯誤しながら教えているという状況だった。

質問をしても、外国人を教えるような教育を受けてない教師ばかりだから、いつも答えに窮《きゅう》する。挙句、「おまえの作文は思想が悪いので、全文書き直すように」とくれば、だんだん教室内の雰囲気も悪くなってきて当然であった。

自己弁護ではないが、このままここに一年いても自分の語学は伸びないと感じた。

★「二十キロ制限」で行動の自由も奪われる

また当時、われわれ外国人に対しては「二十キロ制限」という特異な行動制限が課せられていた。北京市の中心から半径二十キロを越える幹線道路の道端には常時、解放軍の歩哨《ほしょう》が立って監視していた。われわれが学んだり生活したりする学校が二十キロ制限近くにあったので、学校の近くからそれほど離れることができなかったのだ。

他方、二十キロの制限区域内であれ、北京市内の幹線道路をはずれ、「胡同」と呼ばれる路地奥に入ると、すぐに異分子が入ってきたと周囲の住民に取り囲まれ、所属はどこか、何をしにきたのかと取り調べを受ける。外国人とわかると、「許可なく入るな」と追い返されてしまう。

これがあまりにも厳格だったので、私は行動の自由を奪われた息苦しさと同時に反発を感じ

中国人に溶け込む日中友好協会からきた日本人留学生

た。自衛策として、意図的にジーパンを穿《は》いたり、Tシャツを着たりして、一目で「日本人ないし外国人」とわかる格好をするよう心掛けていた。妙に人民服などを着ていると、「スパイではないのか」といった疑いをかけられ、何をされるかわからないからである。

一方、日中友好協会からきた日本人たちは、できるだけ中国人学生と同じ格好をしようとして、人民服を着て、女の子は髪をお下げにして、それこそ一般中国人と区別がつかないようにしていた。

しかし、彼らのほうがしばしば盗難の被害に遭った。なぜなら当時、外国人に対して少しでも悪さを働けば厳しい処分が科されることが一般中国人に浸透していたからで、彼らはそんな格好をしなければ絶対にそういう目には遭わなかったはずである。

二、瀋陽研修時代

★外国人租界地のような環境

北京語言学院での研修の不毛さにしびれを切らした私は、再度、香港で勉強させてくれと大使館に働きかけた。しかし、大使館が私に下した決定は、「瀋陽の遼寧大学で語学研修を命ず」というものだった。

当時の日本大使館は、新人の語学研修生が語学のレベルをどこまで上げるかというより、国交断絶以来、中国各地がどれくらい発展を遂げているのかを把握するほうに関心があった。そんな矢先、中国政府から留学対象の地域ならびに大学を拡大すると通知があったのである。そこで、渡りに船とばかりに、「これまで日本人は瀋陽に長期間の滞在を許されなかったので、君たちが行ってよく観察してきたまえ」と言い放たれた私は愕然とした。

当時の瀋陽は、重化学工業の街として知られ、日本でいえばさしずめ四日市のような存在だった。つまり公害の街で、風向きによりツンとした刺激臭が鼻をついてくる。北京の埃っぽい空気も褒められたものではなかったが、瀋陽に比べればはるかにマシだった。

遼寧大学は瀋陽の郊外に位置し、広大な敷地を持っていた。その中に教育施設、食堂、工場、

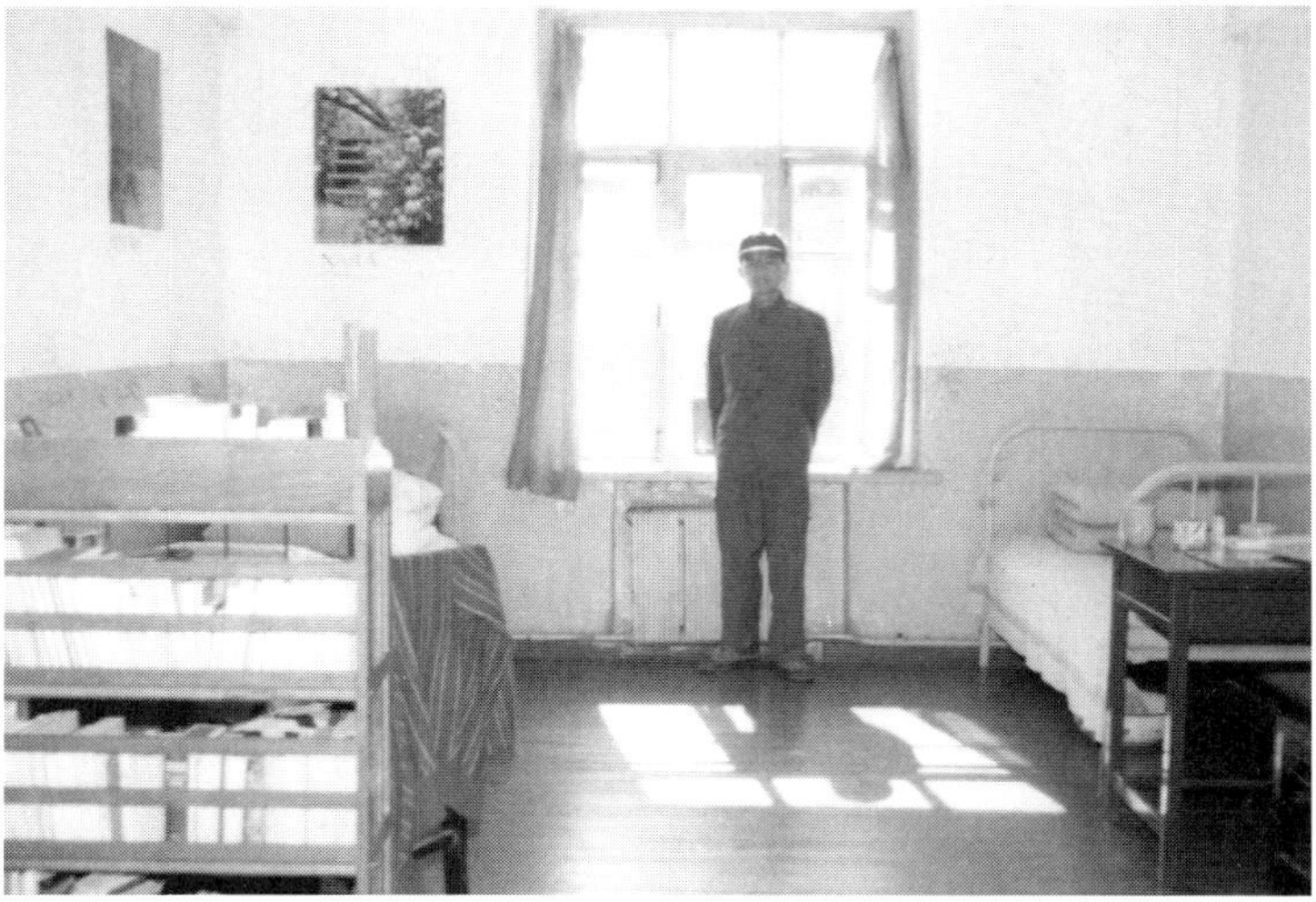

遼寧大学での宿舎の部屋とルームメイト

病院、郵便局、教員宿舎、果ては農場まで備えており、一つの町を形成していた。われわれの留学生宿舎はその小さな町の中の、柵《さく》で囲われた小さな外国人租界地のようであった。租界地の中には、われわれの宿舎と教室をかねた留学生寮、運動場、食堂、売店、小さな診療所と生活に必要なすべての施設があり、租界地を出る必要がないように工夫されていた。

ここでも中国人のルームメイトが割り当てられた。若い人民解放軍の兵士で、彼とは十カ月ぐらい同居することになった。

ここで息苦しかったのは、租界地外の他の施設で勉学する遼寧大学の学生たちと接触する機会が与えられず、租界地内の教師とルームメイトぐらいしか気軽に接触できなかったことだ。大学の広大な敷地の中にいながら、われわれと関係の薄い施設には近寄りがたい〝見えない壁〟のようなものが厳然とあり、毎日が狭い空間での生活の繰り返しであった。

★「私の名前はゴロウです」

当時の遼寧大学は「白紙答案」の思想を実現している大学として勇名をとどろかせていた。「学校での勉強は机上の空論で、真の勉強とは労働者の身において学ぶべき」遼寧大学をはじめ、文革時代の大学はこういう革命思想のもとに、工場労働者や農民の子弟で思想が優秀な「工農兵学員」が学ぶ大学としての性格を持たせていたのだ。工農兵がある程度知識を身につけると同時に、一般学生は彼らから優秀な思想を得るという相乗効果を狙っていたのだろう。

実際はどうであったか。

工農兵学員の連中と知り合って、「何の勉強をしているのですか」と聞いても、「いや、別に」とただブラブラしている様子だった。

他方、われわれはにわか工場労働者にされて工場に働きに行き、実際工場で旋盤《せんばん》を動かしたりもした。

印象に残っているのはむしろ農村実習のほうだ。

遼陽のある田舎の村に行かされ、一週間トウモロコシ刈りをして、食べたものもトウモロコシばかりという生活を経験した。当時、米のご飯や肉を食べるのは中国の正月に当たる春節と夏の

遼寧大学留学中の下放体験。1週間トウモロコシ刈りをして、食べたものもトウモロコシだけだった

お彼岸《ひがん》に当たる日の年二回しかないということであった。

そこではいろいろな農民と接触することができた。日本人の学生がきているという話が伝わると、農村の人たちが非常に親しげに近寄ってくる。「私の名前はゴロウです」と片言の日本語で挨拶されたときにはビックリした。

彼らには日本統治時代に日本人によって初めて教育を受けたという思いがある。中国人は必ずしも日本に対して憎悪の感情のみを抱いているわけではない。彼らと直《じか》に触れてみて、それが実感できた。

一方、大学の見学で撫順炭鉱に行くと、万人坑とか平頂山のいわゆる虐殺の現場とされるところで、「これを日本人がやったのだ」と声高な説明が行われていた。だが、私が日本人だと知った一般の見学者たちには、おまえたち日本人は悪い、われわれに謝罪しろ、といった空気はまったく感じられなかった。そこは、当時の共産党の教育方針も影響していたはずで、中国を侵略した責任は一部の軍国主義者にあり、一般の日本人民はわれわれと同じ犠牲者であるとの教育があった。

当時中国を訪問する外国人はすべて友好分子であり、彼らをお客として接遇しなければならないとの指導も行き届いていた。外国人に対して危害を加えたり犯罪行為に及ぶと、普通の中国人に対する犯罪よりも一等ないし二等厳しくするという扱いになっていたからだ。

われわれが外国人とわかる格好をしているかぎりは、物が盗られなかった理由はそこにある。

先に述べたように、日中友好協会からきた日本の若者は、たびたび満員の通勤バスの中でカメラを盗られた。

ところが、被害を大学側に訴えると、いつの間にかカメラが届けられているのである。当時、庶民がカメラを持てるような社会ではなかったから、すぐにバレてしまうのだろう。反面、これは中国社会全体が凄まじい監視社会であったことの証明でもある。

★交通渋滞を引き起こした十二段変速自転車

北京から持ってきた例の十二段変速の自転車で瀋陽の繁華街に出て行くと、物珍しいのだろう、ぞろぞろ人がついてくる。店の前に自転車を置いて用を足して出てくると、いつもすごい人だかりができている。

最初のうち、「何事が起こったのだ」と、大騒ぎする人波をかきわけていったその中心に私の自転車があって唖然としたものだ。信じられないだろうが、あまりの人だかりで、バスが止まったり、大交通渋滞を起こすこともたびたびあったのだ。

そのうちに外出して街に行く気がしなくなってきた。

われわれ外国人留学生が歩いていると、通行人たちがどっとすり寄ってきて、質問攻めに遭《あ》わされるからだ。

彼らに取り囲まれ、洋服の端を摘《つ》まれ、いきなり「多少銭（トゥオーシャオチエン）」、それはいくらするのか、と聞いてくる。

「あなたはどこからきた人なのか」とは聞かないで、とにかく「これいくら」を連呼されてうんざりするのである。一度、本当の値段を教えたら、「なんでそんな高いのだ」とわれわれを哀れむような目つきで見つめてきた。

☆外国人コンプレックスと厳格な監視社会

農村実習先で、遠くからわれわれを見ている中年女性が何人かいた。なにか話したげにこちらを見ているなと思って近づくと、スーッと遠ざかっていく。誰かに見咎《みとが》められては身が危ないからだろう。いまにして思えば、あれは日本人残留孤児の人たちの一部ではなかったのかと思われてならない。

遼寧大学の租界地にある留学生用の寮兼教室（左）。租界地の中にはテニスコートもあった。後ろは留学生用食堂

その意味で、われわれは完全に監視体制の中にいた。

あるとき、郊外の古い寺の写真を撮ったとたん、どこで見ていたのか数人の中国人に取り囲まれ、「何をしにきたのだ」と詰問《きつもん》口調で聞かれた。「寺の写真を撮りにきた。何か問題がありますか」と返すと、彼らはこう言い募ってきた。

「いや違う。お前は寺の周りに建っている汚い家を撮っていた。そうだろう」

寺を撮れば自然と周りの景色もファインダーの中に入ってしまうので、「周りも写ってしまう」というと、「だからおまえはけしからんのだ」と怒りの表情を向けてきた。

「なぜわざわざこんな汚いところを写真に撮るのだ。瀋陽の中心街にいけば、立派な建物や新しい建物がいっぱいあるではないか。それをどうして撮らないのだ。おまえの目的は中国の遅れた場所を世界に見せるためだろう。さあ、そのフィルムをよこせ」

このまま黙っていると実力行使でどこかに連れていかれそうな気配だった。

「自分は日本政府の留学生だ。おかしなことはしていない。嘘だと思うなら、教官を呼んでくればいい」

私は、必死で反論した。

しばらく待っていると、担当教官が駆けつけてきて、ようやく難を逃れたが、それだけでは終わらなかった。

あとから教官に、「やっぱりあの写真はまずいので、あの部分のネガだけ返したほうがいい」とか「全部現像して、家が写っているものを返すか、その部分だけ切り取ってしまえばいい」とか勧められた。あまり突っ張っていると世話をしてくれる彼に迷惑をかけるから、結局、折れるしかなかった。

その寺はたしかに崩れかかっている古い寺だったが、珍しいから写した。それだけだったが、とにかく彼らが恥ずかしいと思っているものにわれわれが関心を示すと、とたんにそれは非友好的な態度であるとの評価を受け、いったん非友好分子であるとのレッテルを貼られてしまうと、全人格的な否定にあってしまう。そうなると、その人のすることなすことは、すべて疑いの目で見られてしまうことになる。

要するに、外国人というのは、常に何か意図を持って中国を辱《はずかし》める材料を探し回っているのではないか、との外国人コンプレックスを心底から持っているのだ。これは日本人だからというわけではなくて、自分たちより進んだ社会に住んでいる外国人すべてがそう見ていると思い込んでいるようだった。

★すべての行動が記録に取られていた

瀋陽でも移動の自由がないことに閉口した。

北京同様、瀋陽市内の幹線道路にも二十キロ枠という規制があり、そこまではいちおう自由に行動できるのだが、そこから先に行くと必ず解放軍の歩哨が立って監視している。

われわれだけのために立っていたのかどうかはわからない。しかし、少しでも二十キロ枠を踏み越えると、「おまえは何をしにきたのか」とダーッと向こう側から歩哨が飛び出してきて、拘束しようとする。その態度は、有無をいわせぬというもので、ここまでやるかというほど厳しいものだった。

北京もそうだったが、こっそり抜け駆けして枠の外から戻ってくる道の要所要所、田舎の細い道でさえ、必ずどこかで彼らにぶつかるのだ。いつもどこかで誰かに見張られていたのである。

三角帽を被《かぶ》せられた人たちがトラックに乗せられ、街中を引き回されている光景を時々見かけるたびに、あの人たちは密告の犠牲者かもしれないと思ったものだ。

北京ではあまり見かけなかったが、瀋陽の街には「大字報」がそこらじゅうに貼られていた。誰それが誰それにより迫害を受けた、某所に閉じ込められて殺された、名誉を回復しろといった訴えがいくつも書かれている。私はこっそりそれをメモに取り、写真を撮ったが、さすがに見咎められた。そうなると周りにいる人間がすぐに何十人と集まり、その中の代表格の人間から――おそらく民兵と思われるが――「おまえは非友好的だ」と責められて、すぐにフィルムを取り上げられた。

もっとぞっとしたのは、ルームメイトの解放軍兵士や教師の手により、私の一挙手一投足のすべてが記録に取られていたことだ。毎週土曜日の午前中、各留学生と同部屋に住んでいる中国人学生と教師が報告会を行い、留学生の発言が逐一チェックされ、そのすべてが記録として残されていたのである。

遼寧大学を去るときに送別会が開かれたのだが、なんとその席で総括報告がなされた。われわれ留学生を監視する責任者が出てきて、私についての素行報告を読み上げ始める。杉本某は何月何日、どこで何を喋ったかを延々と報告する。彼でなく別の人に喋った内容まで正確に再現している。そんな些細《ささい》なところまで見られて報告されているのか。「なるほど、すべてが彼のところに報告され、情報が集中的に管理されているのだな」と驚きを禁じえなかった。ということは、うっかり誰かに喋ってはならない世界だったのだ。

あらためて凄まじい監視社会の現実に晒《さら》されていたことがわかり、背筋が寒くなった。

★文革の十年がもたらした人材の空白

当時はまだ毛沢東は神様のような存在であった。

たまに映画館に行き、毛沢東のそっくりさんが出てくる画面になると、観客全員が立ち上がって、「毛主席（マオチューシー）万歳」と叫び、拍手して泣いている。その後の北朝鮮の金日成、金正日と重なる光景である。

ある意味で純粋な気持ちだったのだろうが、逆にいうと共産主義、毛沢東に対する畏敬《いけい》の念、崇拝《すうはい》の念が非常に強かったのだ。

文革当時、「農民に学べ」「貧しい民を助けるのだ」と都市の学生たちが分散して地方に行き、その後都市に帰れなくなり大変な目に遭ったが、彼らの多くは自分の意志で喜んで行ったのだし、遼寧大学の仲間の中にも、「自分は本当に喜んでこれから新疆に行って働いてきます」と決意を述べ、盛大な拍手で見送られていった学生がいた。

かと思えば、熱くなっている人たちを見て、こっそりと「馬鹿だな、あいつらはまだわかってない」と揶揄《やゆ》する連中もいた。

毛沢東が死ぬ八カ月前の七六年一月に周恩来総理が亡くなった。その頃の唯一の救いであった〝周恩来同志〟を失ったといった気持ちが多くの中国人にあり、みんな本当に悲しんでいるよう

民兵訓練の風景

に見えた。

そして同年四月五日の清明節に第一次天安門事件が起きた。

周恩来の死を悼《いた》んで天安門広場に人が集まり、花輪を掲げたりしているうちに、四人組や文革を批判する垂れ幕が出てきて大集会となった。これに四人組が激怒し、軍や警察当局が民衆を武力で制圧した。その二日後、副総理に復活を果たしていた鄧小平は、四人組にこの事件の黒幕とされ、再び失脚する。

私の知る一部の人たちは、周恩来逝去を悲しみながらも、「鄧小平こそが次の世の中をもう少しまともにしてくれる救世主だ」と密《ひそ》かに期待していただけに、「ああ、また、これで暗い時代が来る」と心底嘆いている気持ちがひしひしと伝わってきた。

その気持ちを私はよく理解できる。遼寧大学で「白紙答案」思想の現実を目の当たりにしていたからだ。勉強もせずに、「農民や労働者に学べばよろしい」とする大学側のまったく馬鹿げた方針。それをいいことに、学生は勉強を怠け、いろいろ好き勝手をし、一部の若い人たちは公費で全国あちこちを遊び回っていた。こんなことを続けていてはこの国はもたないのではないか。そう思っていた。

結局、文革の十年間とは、「失われた教育」の十年間でもあったのだ。まともな教育を受けなかった人たちはその後、各方面で本当に使いものにならなかった。

要するに十年間もの人材の空白ができてしまったわけである。

たとえば、現在の中国大使の王毅は、十年上ぐらいまでの先輩を飛び越えて大使になっている。あらゆる分野で文革教育世代の人たちが排除されており、人事的に巨大な空白をつくってしまった。その意味においても文革は中国にとって大損失であったといえる。

★文革を知る人たちの醒めた視線

中国の人たちは、七六年の天安門事件以前を知る人と、それ以降に生まれて、以前の実態を知らない人、それから、文化大革命の十年を知っている人とそうでない人で、考え方、意識がまったく違っていて非常に興味深い。

文革時代のひどさを知っている世代は、なにも現在の五十代、六十代の人たちに限らない。現在の四十代でも小学生のときの体験、記憶として強烈に残っている。トイレに入り、床に毛主席の写真が掲載された新聞が落ちていようものなら、用を足すことなど忘れて飛び出したという。万一後から来た人に「あいつは毛主席の写真を踏んでいた」などとあらぬ告げ口をされると、小学生であってもどこかへ連れ去られるといったことが日常的に起こっていたからである。彼らは共産党が何をしてきたかを自分の目で見、体験してきたわけで、意識的に共産党のスローガンに対しものすごく醒めている。

だから、政府が躍起になって、戦争で日本がどれだけ悪かったかという教育を一生懸命してみても、その片方で彼らは「だけど、共産党はもっとひどかった」と平気で語る。もちろん、絶対に信用できる人間に対し、隠れてではあるが。

彼らは感覚でわかるのだ。共産党は四九年以来の大躍進政策、その後の大飢饉、文化大革命で四千万人もの中国人を殺してきたといわれている。さらに、八九年六月四日の天安門での虐殺。共産党の過去の失政を隠蔽したり、現在の目に余る貧富の格差や腐敗・汚職などから国民の目をそらすために反日教育があることを。

反日運動は中国政府が国内的に必要だからやっているわけだが、それをやりすぎると結局は中国政府自身に跳ね返ってくるという皮肉な構図がある。反日デモが全国に拡大して、積もりに積もった不満に引火すれば、人々の怒りの矛先が自分に向けられることを政府自身が十二分に自覚している。

だからこそ、〇五年十月に小泉首相が靖国神社を参拝しても、その前の四月、五月に起きた大規模な反日デモは起こらなかった、いや、中国政府が反日デモを起こさせなかったわけである。

★崩壊する単位社会主義

現在、中国では義務教育が九割がた普及しているといわれるが、北京郊外ですら、家が貧しくて小学校にも行けない子供たちがたくさんいるわけで、ある意味で真っ赤な嘘だ。

そもそも義務教育といっても、国が費用を負担しているわけではない。いまになってようやく「国が義務教育を見るべきだ」などと言い始めているレベルにすぎない。

じつは中国では、義務教育費用の七割以上は受益者負担であり、貧しい農民に授業料や教科書代金を払わせているのである。都会住民が暮らす人口過密地帯は別にして、人口が分散している地方では、寄宿舎に子供を入れなければ、物理的に教育を受けさせられない。

田舎に住む農民は、子供のために寄宿舎代を払いたいが払えないという図式があるわけで、義務教育が普及しているとはいえない。逆にむしろ、文革のときのほうが、中身は別としてある意味で子供たちの教育をきちんとやろうとしていたかもしれない。

このように、以前に比べて基本的な社会生活がひどく揺らいでおり、そのことはすなわち、中国特有の「単位社会主義」が崩壊寸前であることを示している。

かつての中国人が初対面の相手に示す最大の関心事は、「あなたはどこの単位に所属しているのですか」ということであった。これは日本人の「あなたはどこの会社に勤めていますか」ということ以上の意味合いを持っている。

たとえば、私が学んだ遼寧大学という「単位」は、一つの社会ないしコミュニティーを構成しているわけである。遼寧大学という「単位」は勉強する学生だけでは機能しない。大勢の教員が存在して、彼らの家族、あるいは親戚が一緒に暮らしている。

さらに、大学で消費される食料を作るための農民がいて農場がある。学園内のさまざまな施設のメンテナンスや増改築を行う職人や技術者がいて工場がある。病院があり、託児所があり、それから墓場まであって、ないのは焼き場ぐらいのものだった。まさに「揺り籠から墓場まで」の施設と人員が遼寧大学という「単位」の中に自己完結して存在していた。大学と同じように、国有企業も人民公社も、それぞれの単位ですべてを賄《まかな》ってきた。

国家からの横断的な社会保障はないけれど、工場労働者は国有企業という社会の中で一生を完結できる仕組みになっていた。遼寧大学という単位においては、学生は当然卒業していくが、大学に所属している人間は定年退職しても大学の敷地内に一生住み、国家からの支援を頼りにしてきたのだ。

ところが、八〇年代に改革・開放政策が始まってから、徐々に「学校は学校」「工場は工場」という具合に、本来の役割に限定し、それぞれの単位が負担してきた社会的受け皿を外し始めたため、中国の社会保障全体の仕組みが急速に崩れてきた。

まず最初に崩れたのが医療保険だった。従来はそれぞれの単位が、属している人たちのすべての医療保険の面倒を見ることになっていたのが、いまは給与の中に医療手当を一定額支給するのみとなった。だから、病気をしない人はそれでいいが、病気をした人は一回か二回病院に行くと、医療手当を使い果たし、あとは自己負担しなければならない。

さらに深刻なのは、日本以上に基金が破綻している年金問題である。

中国の隠れた不良債権問題とは、じつは年金問題のことで、日本以上のスピードで高齢化社会が進んでいる中国では、いまの受給者が、現役世代が支払っている分をすでに食い潰しているのである。現役世代が年金受給者になるころ、いやそうなる前に、破綻するのは目に見えているわけだ。

そのうえに、単位ごとに年金を積み立てて各人に還元してきた仕組みを解体する過程で不祥事が続出している。たとえば、国有企業が民営化する際に、従業員たちが積み立ててきた年金基金が消えてなくなるといった事件が各地で起きている。

これこそ国民の生活を直撃する大問題であり、中国が毎年一〇%近くの高度経済成長を遂げながら、国内消費はそれほど伸びていない理由の一つでもあるのだ。

通常は国家の経済成長の三割程度は国内消費が支えるものだが、中国の場合は一五%程度に留まっている。なぜか。「万元戸」など一部の富裕層は例外にして、一般庶民の大半はお金を使いたがらないからだ。反面、貯蓄率はきわめて高い。すべては年金の破綻、将来不安を見据えた自己防衛のためである。

第二章——安全保障への目覚め（中国課時代）

一、日本赤軍ハイジャック事件

約二年間の中国での語学研修とさらに一年間の米国での研修を終えた私は、七七年七月、本省に帰任したのだが、アジア局中国課に正式配属される前に、当時の調査部企画課に席を置いた。そこで大臣官房付きという肩書で勤務していたとき、歴史に残るハイジャック事件が起きた。九月二十八日、パリ発羽田行きの日航機が、トランジットしたボンベイ空港を離陸後、武装した日本赤軍グループにハイジャックされ、ダッカに強行着陸したのだった。

当時独身だった私は、六百万ドルの現金とともに特別機でダッカに飛んだ。ところが、ダッカの空港でバングラデシュ空軍のクーデターに巻き込まれてしまう。

つまり、私はハイジャックとクーデターの両方を一度に経験したのである。

クーデター騒動のほうはバングラデシュ空軍の内ゲバだったが、いままでわれわれとハイジャック事件の解決について話しあっていたバングラデシュ空軍の幹部たちが、何十人も小銃でズドン、ズドンと撃たれ、まさに絹を裂くような断末魔の悲鳴を上げながら簡単に殺されてしまった。

その光景を目の当たりにし、図らずも外交の重要性、国の安全保障の重要性をわが身に深く刻み込んだのだった。

一方、ハイジャック犯は、彼らの仲間と一部の一般犯罪の死刑囚の釈放を要求してきた。それに対して、私の目の前で、同行した法務省の刑務官が「超法規的措置」として、彼らの手錠を外すとともに、まっさらな日本国の一般パスポートを渡した。あれほど国家主権を放棄するようなバカげたことはなかったといまでも怒りと悔しさがよみがえってくる。

そのときの日本の首相は「人命は地球より重い」といわれたが、殺人を犯した者を超法規的措置で釈放し、彼らがまたテロを起こして人を殺すならば、いったいその責任を誰が負うのかと思った。実際、その後恐れていたことが起こった。誰の命が地球より重いというのか。

戦争をしてはならない。人命は守らなければならない。絶対にそうなのだが、当時の日本政府の、とにかく人質救出を優先し、「超法規的措置」で死刑囚を釈放するという姿勢は、国家として守るべきもの、本来国家が負うべき責任と負担を放棄していたように感じられてならなかった。

事実、日本の対応は、欧米の「テロリストや過激派と交渉せず」という基本路線に反したため、その後、「日本はテロまで輸出するのか」と国際的な非難を受けることとなった。

その直後に西ドイツで同様のハイジャック事件が起きた。たしかに犠牲者は出したものの、西ドイツ政府は特殊部隊を突入させて、テロに屈せずに事件に立ち向かった。

この事件の教訓から、その後は、日本政府の姿勢も変わった。

最近もイラクで日本人旅行者の人質事件が起きたが、自衛隊撤退など犯人側の要望に応じることはなかった。気の毒にも人質の方々は犠牲になったけれども、国際的には政府の対応は当然のこととみなされ、国内世論も政府を非難することはなかった。

その意味では日本の意識も変わってきたわけだが、七七年当時はそうではなかったのだ。

この事件を通じ、初めて外交官として国家の安全保障についての自覚が芽生えたと思っている。

二、尖閣諸島問題

★領海侵犯を繰り返した中国漁船二百隻

七八年一月、本省アジア局中国課に配属となった私は、当時交渉再開が視野に入ってきた日中平和友好条約の締結交渉と、すでに油田開発などで波乱要素を抱えていた尖閣《せんかく》諸島問題の担当となった。

さまざまな調査・準備に明け暮れていた矢先の四月十二日未明、海上保安庁からのけたたましい電話のベルで叩き起こされた。受話器の声は、中国漁船約二百隻が突然、尖閣諸島周辺に集結し、そのうち数十隻が領海侵犯を繰り返していると告げた。

日本側は、翌十三日には駐日中国大使館の一等書記官に、また十四日には北京の外交部アジア司副司長に対して、「領海侵犯は遺憾《いかん》。必要な措置をとるよう」申し入れを行った。これに対し中国側は、本件は自国の領土内での行動であるとの立場を主張し、日本側は反論された格好になった。

しかし一方で、たまたま北京入りしていた社会民主連合の田英夫代表が耿飈《こうひょう》副総理と会見を行った際に、副総理のほうから、「尖閣諸島のことは故意でも、計画的でもない。偶発的な事件だ」という表明があった。当時、すでに日中平和友好条約の交渉が始まっており、さらにその場で副総理は、「条約の交渉と今回のことは関係ない」とも表明した。

結局、二週間後に何の前触れもなく中国漁船は引き上げていき、事件は終息したのだが、これにはまことしやかなエピソードが残されている。

当時、北京の日本大使館内での会話や電話は確実に中国側に盗聴されていると思われていたため、それを逆手にとり、大使と公使がこんな芝居を打ったのだ。

「中国側の漁船がなかなか引き上げようとしません」

「こうなったら自衛艦の出動を要請するのも止むを得ないな」

「私もそう思います」

当時の日本の国内世論に鑑《かんが》みれば、とても自衛艦を出せるような状況ではなかったが、中国側はその会話を真《ま》に受けたのかもしれない。

★反覇権条項にこだわった鄧小平

それにしても、尖閣諸島における中国漁船の領海侵犯事件の真相とは何だったのか。それを探る前に、当時の日中間にどのような問題が横たわっていたか、その経緯を説明する必要があるだろう。

七二年の日中国交正常化時の日中共同声明を機に、両国政府は日中平和友好条約を締結すべく、交渉を行うことに合意した。七四年十一月、本条約の予備会談がスタート、来日した韓念龍外交部副部長は、条約の内容として「覇権反対」に言及した。その後、「覇権反対」をどう条約に盛り込むかをめぐり、三年九カ月にわたる交渉が行われることになる。

反覇権条項自体は、七二年二月の米中共同声明および同年九月の日中共同声明に盛り込まれている。平和憲法の下で必要最小限の自衛力しか持たず、非核三原則を堅持している日本にとって、日中国交正常化に際し、日中両国がアジア太平洋地域において、日中両国による、さらには第三国による覇権を求める行為に対して反対することを誓い合うことは、いわば当たり前のことであったからだ。

しかしながら、その後中国は、七四年四月に鄧小平が国連資源問題特別総会において、ソ連修正主義を世界で最も危険な戦争の「策源地」として認定し、「反覇権」はもっぱらソ連に対するものであるとの姿勢を明確にしはじめた。

七五年一月の第四回全国人民代表大会で採択された中国の新憲法には、「帝国主義、社会帝国主義の侵略政策と戦争政策に反対し、超大国の覇権主義に反対しなければならない」と規定され、「ソ連帝国主義の覇権反対」がいわば国是となった。その結果、中国側は日本との条約交渉のスタート時点で、「覇権反対」が条約の核心であるとの姿勢を明らかにしたのである。

他方、同年一月二十三日の『東京新聞』に、「第三国の覇権反対、日中友好条約に入れぬ　政府意向、ソ連刺激避ける」との見出しの記事が掲載されると、駐日ソ連大使トロヤノフスキーは、当時の椎名悦三郎自民党副総裁に「日中平和友好条約は、日ソ友好関係に好ましい結果をもたらさない」との申し入れを行い、条約交渉を牽制する動きに出た。

これにより、覇権問題の取り扱いにつき、日中双方ともそれぞれソ連との関係において、柔軟な立場をとることが困難になったといえる。

条約交渉がスタートしたのは、ちょうど田中角栄政権から三木武夫政権への交代の時期であった。七四年十二月に誕生した三木政権は、いわゆる「椎名裁定」により誕生した政権であり、党総務会長に灘尾弘吉をすえるなど、政権中枢部に「親台湾派」を多く抱える政権であった。

翌七五年四月、台湾総統の蔣介石が死亡し、三木首相が弔電を自民党総裁名で発出、さらには、岸信介、佐藤栄作両元首相が葬儀に出席したこと、続いて七月には日台航空路線が再開するなど、中国側を刺激する出来事が続いて起こった。

かたや中国側もこの時期、内政上の大事件が続発した。

七六年一月の周恩来首相の死去を皮切りに、四月の天安門事件の発生と鄧小平の失脚、七月の軍の最長老朱徳の死去と唐山大地震の発生、九月には毛沢東の死去、十月には四人組の逮捕など国内政治に忙殺された。

★条約慎重派が突きつけた二つの条件

七六年十二月、自民党内の「三木降ろし」を受けて誕生した福田赳夫政権は、自らの派閥の中に、自民党の中でも「条約慎重派」を最も多く抱えていたほか、同年九月に発生したミグ25の函館亡命事件の後遺症で、日ソ関係がギクシャクしていたこともあり、条約を直ちに推進する状況になかった。

他方、中国側は、七六年暮れには、四人組との関係で解任された喬冠華に代わり黄華外交部長が就任し、七七年七月には鄧小平が復活した。鄧復活後、日中友好議員連盟訪中団をはじめ日本からいわゆる親中派要人の訪中が相次いだ。

同年十一月には内閣改造があり、鳩山外相に代わり園田直外相が就任した。十二月に佐藤正二大使が韓念龍外交部副部長および廖承志中日友好協会会長と接触したのを機に、条約交渉が再開された。

翌七八年二月十四日、中国側は、覇権条項が条約の核心であり、日本側に同条項を本文に盛り込む決断が行われたかの確認を求めてきた。三月四日の佐藤・韓会談において、日本側は、共同声明第七項（第三国に対するものでなく、すべての覇権に反対）の趣旨を条約本文に盛り込む決意を示した。そして、条約締結の目的は、日中両国の平和友好関係を強固にし発展させるものであり、特定の第三国に対するものではなく、日中は日中、日ソは日ソである旨伝えた。中国側も両者は別であることを確認しつつも、いわゆる「第三国条項」については引き続きソ連による覇権行為に対する姿勢に何ら変化はないとの硬い態度を示した。

このころ、公明党の矢野絢也書記長を団長とする代表団が訪中し、鄧小平副総理と会見した。その席で鄧は、反覇権条項を盛り込むべきとの主張に加え、さらに踏み込んで、「中日両国が平和友好関係を樹立し発展させることは、第三国に対するものではない」との第三国条項についての中国側の解釈を示したと伝えられる。

矢野訪中団の報告を受け、福田首相は自民党内の慎重派を含む関係方面への説得を開始する決断をした。これを受け、外務省の田島高志中国課長が、日中平和友好条約のメリットとデメリットを列挙した、いわゆる「田島メモ」を作成し、自民党に対する説得工作を行った。これに対し党内の条約慎重派が反発し、「田島メモ」が『産経新聞』によってすっぱ抜かれた。

ちなみに、当時、『朝日新聞』が国会議員約三百人に日中平和友好条約についてアンケートをとったところ、慎重派が百六十七、促進派が百四十八で、自民党に限らず慎重派が多かった。

そこには当然ながら、全方位外交を標榜する日本が中ソ対立に巻き込まれるのは好ましくないという判断があった。しかし、中国側が固執する「反覇権条項」は、前述の通り、七二年の日中国交正常化のときの「共同声明第七項」にしっかり入っている。それを前提として交渉が始まっているわけだから、軽視することはできない。しかも、最高実力者の鄧小平があれほどこだわっているのだから。

反覇権条項を入れることは止むを得ないという流れのなか、ただ、それが第三国との関係でどういう意味を持つのかに議論の焦点は移っていく。共同行動を求められたり、自主路線への介入などに覇権条項を使われると困るわけで、結局、第三国条項を盛り込むことになった。では、その第三国条項の文言をどうするのか。自民党内は揉めに揉めた。

そうした状況下、木村俊夫元外務大臣が座長を務める自民党のアジア問題研究会は、日中平和友好条約を締結する条件として、「尖閣諸島の領有権を中国側に認めさせること」「中ソ友好同盟相互援助条約廃棄を約束させること」を決定した。

条約慎重派がこの二条件を突きつけてハードルを上げてきた矢先、突然、尖閣諸島に中国漁船が領海侵犯してきたのだった。

★強硬な反対派のコントロール下にあった漁船

中国側も日本と平和友好条約を結ぶことについて一枚岩であったとは到底考えられない。七二年の国交正常化以降、外交関係はあったものの、イデオロギー的に敵とみなす資本主義国の日本と平和友好条約を結ぶなどとはとんでもないとする反対勢力は当然あったわけで、この領海侵犯事件はそうした強硬な反対派が組織したものではないかと推察された。

北京で田英夫社民連代表に対して、耿飈副総理が、「今回の件は故意でも計画的でもない」と述べたことは先にも触れたが、これはまったくおかしい。海上保安庁の巡視船や飛行機が中国側の無線を傍受したところ、約二百隻の漁船に対して二カ所から指示が出ていたことが判明したからである。

一つは山東省煙台にある人民解放軍の海軍基地、あと一つは福建省廈門の軍港で、その二カ所から漁船はコントロールされていたのだ。たしかに昔から尖閣諸島の魚釣島海域は馬面《うまづら》ハギが獲れることで知られていたが、一カ所に二百隻も集まり、しかも他国領海の中に侵入し、「退去せよ」と命じても無視することは「偶発」ではありえない。

自民党から、尖閣諸島の領有権を中国に認めさせることが条約締結の条件という声があがっていることを察知した中国側の強硬派が動いて、尖閣の領有権を主張する勢力を束ねたのだと推察された。当時の鄧小平は、副総理の立場にあったとはいえ、文革の残党である極左派を含む共産党全体を完全に掌握しきれておらず、復活した鄧が力を伸ばすなかで、反対勢力の動きは当然あったはずである。

そのうえ漁船二百隻といっても、実際には軽機関銃で武装しており、ある意味で民兵組織に属していたことが海上保安庁からの報告でわかっている。こうした民兵組織は、例の四人組が自分たちの勢力範囲を拡大するために育てたものだったから、四人組の息のかかったグループで、つまりは鄧小平に排除されたグループが企てたとも推測できる。

三、日中平和友好条約締結交渉

★事務レベル協議の会談内容をすべて筆記

漁船二百隻が尖閣に押し寄せた七八年四月末、福田首相が訪米し、カーター大統領と首脳会談を行った。日中平和友好条約について、福田首相が条約締結に対する日本の立場を説明すると、カーター大統領より「成功を祈る」と条約締結を祝福する姿勢が示された。アメリカ側に対する根回しを終え、これで日本側の条約交渉再開への足元が固まった。

自民党内の調整は引き続き行われ、五月二十六日の総務会決議で、ようやく交渉再開に関する党内調整が終了した。

決議の骨子は次の二点。一つ、わが国はいかなる中ソ対立にも介入せず、また、中ソ対立から何らの影響も受けず、つねに国の主体性と国際的普遍性を保持する基本国策を貫くこと。二つ、領土などに関する国益を守り、わが国の安全保障、とくにアジアの平和と安定を維持するわが国策を堅持すること。

この決定を受けて五月末、佐藤大使より韓念龍外交副部長に対し、近く条約交渉を「再開」したい旨申し入れ、韓副部長は歓迎の意を示した。

交渉の日程は、韓副部長の病気療養、ボン・サミットによる日本側首脳の本国不在などの理由により、結局、七八年七月二十一日からと決まり、私は記録係として交渉の現場に臨むこととなった。

日中平和友好条約の事務レベル協議は二年十カ月ぶりに再開された。協議は七月二十一日より八月十日まで合計十五回、ほぼ毎日行われた。佐藤大使、韓外交副部長を団長として、中国外交部三号迎賓館（旧オーストリア・ハンガリー大使館）というじつに古めかしいヨーロッパ調の建物が会場であった。

協議が始まって最初に交わした合意は、非常に重要な交渉なので、バーベイタム（verbatim）すなわち逐語的な記録を作ろうということだった。つまり、要旨を書いていくのではなく、とにかく話したとおりに記録を残すのである。その記録役を務めることになったのが私だった。

通常、テープに残さないのがこうした会談のルールである。中国語をそのまま書くわけにはいかないので、通訳のスピードを緩めてもらい、全部書き写せるようなスピードでやりはじめた。

通常は協議の前の雑談、挨拶や天候についての会話は省くものだが、今回はそういうものも残らず書くことになっていたので、必死で書くしかない。

だいたい一度で二時間近い協議になった。一語一句漏らさず走り書きで書いて、協議終了後、公電で発電できるように、外務省の書式に従った原稿用紙にきちんと清書する。これを二、三回続けると、手と肩がパンパンに張って硬くなって、スピードも落ちてくる。土日はさすがに休会であるので、土日に大使館近くの外交部直営の国際クラブで肩と手のこりをほぐす指圧《しあつ》を受けるのが何より待ち遠しかったのを覚えている（その後三十年、私は自分の悪筆をこのときのせいにすることにしている）。

だが、毎回東京で待ちかねている人がいた。中国課長やアジア局の幹部が見て、重要なことを上層部に報告するのが通常の交渉なのだが、今回は違った。官邸で福田総理がその日その日の会談記録が届くのを待っていたのである。

中国側からは、「反覇権条項に議題を絞って交渉しよう」との提案があった。これを受けて園田直外相の訪中まで、反覇権条項に絞って交渉が行われた。

★ハードルを高めた自民党の条約慎重派

園田外相の北京到着の八月八日にも、十四回目の事務レベル協議が行われ、条約の案文に関し、最後の詰めが行われた。

八月九日、園田・黄華外相会談が行われた。

園田外相は、日本外交の基本、すなわち日米関係を基軸とする全方位外交について説明するとともに、中国がやがて覇権を求めるのではないかとの懸念がアジア諸国にあることを指摘し、かつて中国が成田空港反対運動を支持したことなどにも言及した。そして、かかる中国側の動きがあるかぎり、中国の内政不干渉の政策は信用されないと率直に述べた。

これに対し、黄華外相からも日本の軍国主義復活への懸念が表明され、日中とも覇権を求めないことが反覇権条項の主眼であることが確認された。

同日午後のセッションでは、中国側から、第三国条項に関して日本側が提案した「この条約は、第三国との関係に関する各締約国の立場に影響を及ぼすものではない」との案文を受け入れる旨回答があった。これにより、条約交渉最大の懸案が解決した。

翌十日、釣魚台迎賓館18号楼において、第十五回目の事務レベル協議が開かれた。第三国条項以外の案文につき草案作成作業が行われ、一気呵成《いっきかせい》に案文の最終的な詰めに入った。

十日の午後四時より最後のトップ会談、園田・鄧小平会談が始まった。日中関係、条約に関する日中双方の基本的な考え方が述べられたほか、覇権国についての考え方、対ソ政策や緊張が高まっていた中越関係、カンボジア問題について話が及んだ。

どんどん時間がすぎていく。だが、園田外相は鄧小平副総理に対して、まだ肝心なことを伝えていない。

そのとき、高島外務審議官がさっとメモを書いて、園田外相に手渡した。私の席からは直接見えなかったが、メモには、早く尖閣諸島に関する日本の基本的立場をきちんと表明してくださいという指示が書かれてあったはずだ。

前日九日に行われた自民党臨時総務会において、条約慎重派議員より「尖閣諸島問題」と「中ソ同盟条約の破棄の問題」についての五月二十六日付の総務会決議が守られているかどうかが厳しく追及されており、日本側においてはこの二つの問題が最も注目されていた。

黙って帰るわけにはいかなかった。

園田外相は一枚のメモに背中を押されたかのように、尖閣諸島問題を切り出した。

尖閣諸島についての日本の基本的な立場を説明し、先般発生した漁船の領海侵犯事件は遺憾であり再発は困ると園田外相が迫ると、鄧小平は「ああいう事件を再び起こすことはない」と確約をした。

尖閣諸島の領有権の問題については、鄧小平は「いままでどおり、十年でも二十年でも百年でも脇に置いておいてもいい」という言い方をした。

これと同じようなことを、十月に批准書交換のため来日したときの記者会見でも鄧はいっている。そのときは、「われわれの世代ではまだ知恵が足りない。次の世代ではわれわれも賢くなるだろう。お互いが将来に解決を任せればいい」という言い方をしている。要するに、鄧小平としては、この問題はいま解決すべき問題ではない、だから、触らないという立場を貫いた。

ここで日本側が領有権を認めさせたかどうかという解釈の問題になるわけである。日清戦争後の下関条約によって台湾が割譲される前に、尖閣諸島は日本が国際法上の「無主物先取」の手続きにしたがって日本国の領土として正式に編入し、その後、日本人が島でカツオブシ工場を運営するなど実効支配をした。敗戦により一時米軍が沖縄本島と同様に尖閣諸島についても施政権を行使、実際に軍の射爆場に使っていた。それが七二年に返還協定で日本側に返され、その後も一貫して実効支配しているというのが日本の立場である。

中国はそれに対してチャレンジしない、何も触らないと表明した。日本としては、日中間にはそもそも尖閣諸島をめぐる領土問題は存在しないという立場だから、中国側が自分たちのものだと言い出さないかぎりは、それで結構だということになる。

したがって、そういうチャレンジをしないならば、尖閣問題はクリアされたことになる、というのがわれわれの解釈だった。

しかしである。九二年、中国側は、全人代で領海法を批准し、その中で尖閣諸島について自国領海であることを謳うという挙に出た。明らかに園田・鄧小平会談での合意を変更してきたのだ。

中国としては、それまで日本側が実効支配をさらに強化するような措置を取らないならば、中国側も触らないという暗黙の了解をしたはずであった。その立場を変えて一歩踏み出してきたのである。

もちろん日本側は、「認められないこと」を申し入れたが、言葉だけで、それ以上のアクションは起こさなかった。私は、あのとき日本は自らの実効支配を逆に確保するような措置を取るべきだったと悔やまれてならない。その後、日本は遅ればせながらさまざまな措置を取ったが、あのタイミングにおいて大胆な措置を取って然るべきだった。

〇四年三月に中国人による魚釣島上陸問題が起きたときも、上陸した者に対して及び腰に過ぎたようだ。正式に逮捕して法的措置を取ることにより、日本の実効支配を確認すべきであった――。

そのつけは今日にたまっており、本来の日中友好重視を唱えている人たちにまで非国民のレッテルを貼る風潮になっていることが懸念される。

☆訪日に同行した鄧小平の娘

話を条約締結に戻す。

七八年八月十二日、北京において、園田外相と華国鋒総理による会談の後、条約の署名が行われた。署名後、人民大会堂で園田外相の答礼宴が行われ、鄧副総理より批准書交換のため自ら十月に訪日したいとの意向が表明された。

その後、中国側は八月十六日に全人代で条約を批准し、日本側は臨時国会を召集して、十月十六日に衆議院、十八日に参議院で批准した。

鄧小平は約束どおり十月二十二日に訪日、翌二十三日に批准書を交換することにより、日中平

日中平和友好条約署名式（78年８月、北京にて）。上段いちばん左が筆者

和友好条約は正式に発効した。

中国側で本条約推進の中心的な役割を担った最高実力者・鄧小平の来日が、本条約の締結をおおいにプレイアップし、日中友好ムードを盛り上げた。

その後、鄧小平は日産自動車の座間工場（神奈川県）や新日鉄の君津工場（千葉県）などを視察、新幹線で京都に向かった。そのとき、鄧小平一行の世話係として同行したのが京都出身の私だった。

京都の観光コースを回る鄧一行の中に、他の人たちから浮き上がっている若いカップルがいた。年の頃は当時二十五、六歳だったろうか。男性のほうがやや年上かもしれない。一行のほとんどがカーキ色の地味な人民服を着ていたのに、その二人だけは同じ人民服でも、女性はベージュ、男性は鮮やかなブルーで、しかも生地がまったく違った。

私が気になったのは女性のほうで、当時、日本でも珍しいトンボめがねというか、大きな眼鏡をかけていて、

78年10月に来日した鄧小平（左）の世話係兼通訳を務めた筆者（中央）

いかにも香港風ファッションだった。

一行の何人かに「あの人は誰ですか」と聞くと、「鄧小平の秘書だ」と間髪《かんはつ》入れずに返されたが、そのうちに、彼女はひょっとしたら鄧小平の娘ではないかという噂が聞こえてきた。大胆にも私が「鄧小平副総理のお嬢さんでしょうか」と直接尋ねると、「違います」と即座に否定された。

しかし、二条城の庭園で休んでいるとき、鄧小平夫人の卓琳女史が彼女の髪に櫛《くし》を入れているではないか。その様子を見て、鄧小平の娘に間違いないと確信した。

余談になるが、それから二十年後の九八年、赴任地の北京で中国国際友好联絡会の副会長を務めている鄧榕とばったり出会った。彼女に、京都でのことを確認すると、鄧榕はにこにこしながら、「そう、私よ」とあっさり認めたのだった。

二十年前、中国共産党の最高指導者が自分の娘を連れて海外出張するのは、当時の国内風潮ではまだタブーだったが、鄧小平はあえてそれを破り、娘に日本を見せたのだった。

鄧榕は鄧小平の三番目の娘で『わが父・鄧小平』を書いたことでも知られる。老いた父親の耳代わりとなり、いつもピタリとついていたお父さん子だった鄧榕。彼女は文革の嵐が吹き荒れるなか、失脚した父親と一緒に江西省の田舎に行き、家畜小屋に押し込められる生活を余儀なくされた。復活してから初めての海外出張に、鄧小平はどうしても苦難を共にした鄧榕を連れていきたかったのだろう。

★日本を改革・開放政策のモデルに

鄧小平は自身の経験をとおして、日本の力を客観的に高く評価していたようだった。実際に戦争で戦った日本軍の装備は高性能で自軍とは比べ物にならず、共産軍だけでなく、国民党の軍隊ですらまったく歯が立たなかった。日本が敗れて四九年に国民党との戦争に突入したとき、人民解放軍の空軍建設を担ったのは武装解除された日本の陸軍航空隊の兵士だった。

中国共産党は一切外国の力を借りずに国家建設を進めようとしたが、それは到底無理な話であった。十年にわたった文化大革命によって、国土は荒れ果て、経済的には破綻寸前まで落ち込んだ。

そこで七八年、鄧小平は改革・開放政策に大きく舵を切った。復活翌年のことだった。路線変更した一つのモデルとして、鄧小平は中国人民に日本を見せた。訪日した鄧小平が視察する日本の最新鋭工場の映像が中国国内に何度も流された。日産自動車の座間工場でロボットが精密に動いて自動車がつくられていく現場を見せて、「これが現代化である」と説いた。時速二百キロ以上で疾駆する新幹線を、中国の人々は未来世界の映像を見るような眼差しで眺めた。

八〇年代初めに、中国で頻繁に放映された日本の映画やテレビの作品も、中国の改革開放を後押しする役割を担っていた。いまだに『君よ憤怒の河を渉れ』の高倉健を懐かしがる中国人は多いし、テレビドラマでは山口百恵の『赤い疑惑』を見て、みんな衝撃を受けていた。

それはちょうど、戦後の日本にテレビが登場して、アメリカのホームドラマを見たとき、夢のような電化製品や十代の少年が自動車を運転するのを見て驚いたのと同様ではなかったか。鄧小平は、自ら一目置く日本を中国現代化のモデルとし、協力を求めたのである。開明派の胡耀邦もそうした気持ちを持っていたのだと思う。

だが、日本の実態を知らない共産党幹部ほどイデオロギー的に反日になっていく面があるようだった。

周恩来はじめ、いままで日中関係を支えてきた廖承志、孫平化や彼らに仕える人たち全員に日本留学経験があり、日本語を喋り、日本が何たるかを理解していた。彼らは日中関係の重要性はもとより、日本の実力を正確に認識していた。日中間で何かトラブルが起きたときには、関係が決定的に悪くならないよう懸命に動いた。

また日本側にも、政界では松村謙三、伊東正義、竹下登はじめ、公明党にも伝統的に日中友好議員が多いし、財界では新日鉄の稲山嘉寛、松下電器の松下幸之助など大物経営者が親中派として知られた。こうして政財界に多彩な役者がそろっていたため、批判もあるだろうが、関係悪化の際には緩衝材《かんしょうざい》の役割を果たしてきたといえる。

ところが、いまはそういう日中関係のために粉骨砕身《ふんこつさいしん》する人物が、日中双方とも、ほとんどいなくなってしまった。

日中関係の悪化しているいまこそそういう人物を緊急に育てる必要がある。

★尖閣諸島の領有権を主張する根拠

ところで、尖閣諸島が中国の領土である根拠について、中国側はいくつか主張しているが、その中にはこんな興味深いものがある。

一八九三年、西大后が尖閣の土地を盛宣懐という人物に下賜したというのだ。盛宣懐は清朝末期の官僚で、李鴻章の下で郵伝部大臣を務めたほか、中国資本による初めての銀行である中国通商銀行を創設した人物である。江沢民が卒業した上海交通大学の前身である南洋公学を設立したことでも知られるが、本業は凄腕ビジネスマンである。

上海に二千軒の不動産を所有し、中国最大の製鉄所のオーナーとして君臨した。一九一一年、辛亥革命後に日本に亡命。かつての東京芝の中華レストラン留園は盛の子孫が経営していた。

だが、最近、中国側で発表されたことだが、中国の学者にいわせると、盛宣懐に尖閣を与えたという詔勅が偽物で、その説は根拠に乏しいそうだ。

不思議なことに、なぜか七八年、尖閣諸島問題で大騒ぎになったころ、そうしたいわくつきの盛宣懐が所有していた洋館に上海総領事館が移転している。

〇五年の反日デモで投石された上海総領事館は九八年、虹橋地区に日本国によって新しく建てられたもので、旧盛宣懐邸は上海総領事公邸となり、後年、私が総領事として暮らすことになる。

第三章——対中経済協力開始

★ソ連後遺症に苦しむ中国

日中平和友好条約締結の翌七九年、中国課から経済協力局に移った私は、国際協力事業団（JICA）を管轄する技術協力第一課に所属した。ちょうど対中経済技術協力が開始されたころであった。

対外援助に関し、それ以前の中国は、共産圏の先輩のソ連一辺倒で、外国からの資金や物質援助、投資、借款《しゃっかん》を受け入れない「対外貿易三原則」の立場を貫いていた。

ところが、五〇年代後半から始まった中ソイデオロギー対立のあおりで、六〇年七月にソ連側が対中援助協定を突然破棄した。同時に派遣していた千三百九十名のソ連人技術者全員を一斉に引き揚げた。そのため、当時着工中であった二百五十七の経済プロジェクトはすべて停止の憂き目を見た。

さらに中国側を苦しめたのが、建国直後の五〇年代に友好国ソ連から受けた総額十四億ドルにのぼる借款であった。ソ連は利払いを含めて借款を全額返済するよう中国に迫った。

六〇年、中国は大飢饉に見舞われるが、自国民が飢え死にしても食料を輸出して借款を返す、いわゆる「飢餓輸出」という悲惨な経験をした。このときに中国は、外国から金を借りることについての危険性を嫌というほど味わったといえる。

その後も中ソ対立が続く一方で、西側との関係が回復する前は、ココム（対共産圏輸出統制委員会）より厳格な中国向けの技術の輸出規制「チンコム」を課されており、西側からの技術支援は望めない孤立した状況にあった。

そうした国際環境を踏まえて、中国は自力更生の道を選ぶ。極端な国有化政策をとり、国民の土地を取り上げ、全国に人民公社をつくって、集団生産を行う計画経済を進めた。六〇年代後半は、外国から一切借款、援助を受けず、内債も外債も持たなかった。だが、その後十年間続いた文革の混乱により、国内経済は完全に疲弊してしまった。

七六年に周恩来、毛沢東が相継いで亡くなり、四人組が放逐され、そこに鄧小平が復活してきて、その二年後の七八年、共産党第十一期三中全会で、文革の自力更生路線を脱して、改革・開放政策が打ち出された。当時のスローガンからいえば、「階級闘争を要とする政策から、経済建設を中心とする現代化路線に転換する」ということであった。

まさにそのとき、中国は東側との関係が崩れてしまったなかで、日本と平和友好条約を結び、アメリカとの国交を正常化し、西側の協力により、経済優先の改革・開放路線へと大きく政策を切り換えていくわけである。

すでにそうした空気は私が中国研修を終え、米国での三年目の研修に出かけようとしていた七六年には漂い始めていた。もちろん、文革の末期であり周恩来が亡くなる少し前から、すでに「四つの現代化」を標榜し、外国のプラント輸入を開始し始めていたわけだが、外貨不足のため、あるいは四人組の反対に遭い、暗礁に乗り上げていた。

★円借款のスタート

そこで、稲山嘉寛・日中経済協会会長（新日鉄会長）等が音頭をとり、七八年から八五年までの八年間の日中貿易高を二百億ドルとする「長期貿易取り決め」が北京で調印された。これは日中間の経済・貿易関係を長期的に安定させることを目標に、日本からプラントや技術、建設資材・器材を輸出し、中国からは原油、石炭などを輸入するというものだった。

こうした取り決めにより、空前の日中商談ブームが巻き起こった。だが、中国国内の石油生産の見込み違いと、プラント計画の無謀さからすぐさま行き詰まり、日本の財界に大きな衝撃が走った。

中国の、外国からの借款を受け入れる方針への転換は七八年に行われた。日本の財界は中国側に日本のＯＤＡ（政府開発援助）に関する基礎知識や建設的な意見を提供し、日中政府間資金協力のために「架け橋的な役割」を果たした。

ここで、円借款はなぜ民間の融資と区別され、「援助」と呼ばれているかをおさらいしてみよう。

日本の円借款は、経済協力開発機構（OECD）の下部機関である開発援助委員会（DAC）の定義に基づく政府開発援助（ODA＝Official Development Assistance）として国際的に公認された政府対政府の「援助」である。

DACによれば、「援助」がODAとして認知されるには次の三条項を満たす必要がある。政府ないし政府の実施機関によって供与されるものであること。開発途上国の経済開発や福祉の向上に寄与することを主目的とすること。供与条件として贈与要素（GRANT ELEMENT＝GE）が二五％以上であること。

GEとは、DACがODAの国際比較を行うため、援助条件の緩やかさを表示するために決めた指標である。金利一〇％の商業条件のGEを〇％とし、金利、返済期間、据え置き期間が緩和されるに従いGEの％が高くなり、贈与の場合、これが一〇〇％となる。

七九年から九七年の円借款の平均金利は二・七八％であり、この二十年間あまり常に市中金利を下回っており、世界銀行のIDA（国際開発協会）を除けば、他のいかなる国、国際機関の資金供与より低金利である。償還期間も据え置き十年で三十年（注：環境プロジェクト等四十年に及ぶものもある）の長期間である。

このような対中円借款の条件に従い計算すると、対中円借款のGEの平均は六五％であり、GEに相当する部分が実質的に贈与されることになる。別の角度からいうと、中国に譲許性の高い資金を提供することにより、中国が市中金利で借り入れた場合の差額を実質的に中国に贈与していることを意味する。

これに対して、中国政府内には「返済するカネなのだから」とか「日本にも利益がある」との主張も根強い。

だが、はっきりいってこの考えは誤りだ。右の説明のとおり、ODA総額約三兆円のGE（贈与要素）の割合は六五％、つまり、約二兆円は真水として実質的に中国に「供与」されていると国際的に認定されているからだ。

★中国の遅れを率直に認めた鄧小平

中国側は改革・開放路線を進めるために外資・外国援助を希求する一方で、ソ連から受けた借款に対する恐怖感を捨て切れないでいた。

だから、七八年十月、平和友好条約の批准《ひじゅん》書交換のため訪日した鄧小平は、その機会をとらえて日本の最新鋭工場や新幹線を中国国民に積極的に見せたのだ。

鄧小平は日本記者クラブで会見を行ったが、中国の首脳が外国訪問時にあのようなかたちで会見したことは恐らく初めてではなかったか。

その席で鄧小平は、日本からの対中ODAについて、「われわれはまだ考えていなかったが、これからは検討を行う予定だ」と受け入れに前向きな姿勢を明らかにした。すなわち中国最高実力者による初のODA受け入れのサインだった。

鄧は当時の中国の状況を謙虚に語った。

「現在の国際間の進んだあらゆる技術、管理方式を取り入れて出発点にしたい。まず自分が遅れていることを認めることだ。顔が醜いのに美人のようにもったいぶっても仕方がない。正直に遅れを認めることによって希望が生まれる。もう一つは学習すること。日本をはじめ、発展しているすべての国に教えてもらいたい」

これに似ているのが、〇六年の旧正月、金正日が経済開発区として大発展を遂げている深圳市、珠海市を訪れたことだろう。あの映像を北朝鮮の国内に流すことで、同じ社会主義の中国もここまで発展できたのだと見せることにより、北朝鮮国内に対外経済開放政策を打ち出すための一種の教育を施したのだと思う。

鄧小平は日本で先のように語ったが、中国政府が最終的に受け入れるまで数カ月を要した。当時、現場で円借款実現に奔走したのは外務省経済協力局であり、まさしく私が所属していた部署であった。上司の梁井新一経済局長とともに中国に出張した。

あのころの中国政府には、外国の援助を受け入れるという発想は皆無で、返済しなければならない貸付がどういうものであるか、外貨がどれくらいあれば返済能力がどのくらいあるのかまったく理解できていなかった。世界に先駆けて、何度も説明を繰り返して、われわれは、最初に中国にＯＤＡの仕組みを理解させることに成功したのだった。

われわれは中国側担当者に根気よくデット・サービス・レシオ（debt service ratio）について説明した。国の借金を貿易黒字額で割る数字のことで、これが二〇％以内であれば、返済能力があるとみなされ、借款できるのだ。中国の経済状況のデータを示して、中国には十分に返済能力があると懸命に説得した。

加えて、日本の技術協力の仕組みを手取り足取り説明しなければならなかった。おかしな話だと思うが、円借款を含む経済協力についてはあくまでも要請主義が建前なので、中国側から要請がないと動けないからである。

日本から借金しても中国は返済に困ることはないこと、この円借款がいかに中国側に有利な借金なのか、貸すほうが損をしてまで供与しているのだと、懸命に説明した。

★中国を西側陣営に取り込むための戦略

では日本はなぜ、そこまでして中国を援助するのか、という話になる。

文革の最中、中国は完全に対外的に孤立して内乱状態に陥り、情報が閉ざされたため、中国国内で実際何が起こっているのか、ほとんどわからなかった。当時の中国は、イデオロギーに対する信頼が非常に強く、ソ連と対立したのも、共産主義の方向性をめぐる路線対立だった。ソ連は修正主義に傾斜したが、中国は、共産主義革命で世界に共産主義を広めていく理想を追求した。

中国は、当時の国際経済秩序は資本主義国家が自分たちに有利につくったものだから否定すべきものである、それをつくり変えることで搾取されている第三世界が豊かになっていくという第三世界論を掲げた。誤解を恐れずにいうならば、西側陣営にすると、当時の中国は国際経済秩序の挑戦者あるいは破壊者として何をするかわからない怖い存在であった。

その中国が従来の「自力更生」路線では国が成り立っていかず、戦後アメリカが中心になってつくった経済体制秩序すなわちブレトン・ウッズ体制を受け入れ、「普通の国」になろうとしているのだ。対中ODAを供与することによって、その過程をエンカレジすることは、隣国である日本の安全保障にとり必要なことだと判断された。

当時、中国が発展するために決定的に欠けていたものは一目瞭然、インフラとエネルギーだった。まともな港湾はなかったし、鉄道、幹線道路等の交通インフラはほとんど未整備。エネルギーに関しては、私が二度目に暮らした八〇年代中頃の北京市内ですら、毎週停電日があるほど、とにかくエネルギーが不足していた。

工場をつくっても電気は心配だし、製品を港に運ぶ道路も鉄道もガタガタで、その港自体がひどい有様。そのような場所に投資する酔狂な外資企業などあるはずはない。

したがって、第一次円借款のプロジェクトは、輸出用石炭の積み出しと輸入鉄鉱石の荷揚げ用の石臼所（現・日照）港（山東省）とその運搬用鉄道の新設、北京―秦皇島間の鉄道の複線電化、石炭積み出しのための秦皇島港（河北省）の建設となった。

円借款をきっかけにして、欠けている交通インフラ、エネルギー政策の体制づくりが始まった。石炭を日本に売って外貨を稼ぎ、インフラ整備に再投資する。そうなれば、次には民間投資が始まる。実際には、最初に入ってきたのは華僑資本であった。それに日本の民間投資が続いた。

初めのうちは、きわめて廉価な労働力をフル活用して生産するアパレル分野がメイン。安価でリーズナブルな品質の製品を輸出して稼いでいたが、年を経るにつれ、食品加工、電子部品、半導体、自動車と産業の裾野が拡大し、その好循環が二十年にわたる平均一〇％近くの驚異的な経済成長を支えてきた。当時の中国人の誰に想像できただろうか。

その意味で、中国の発展の基礎をつくったのは日本からの円借款であることは、否定できない事実なのである。

中国が経済発展すればどんどん軍事力を増すので、日本にとり脅威だと指摘する向きもある。しかし、よく考える必要がある。あのまま中国を放置しておけば、現在の北朝鮮のような存在になっていかねず、そちらのほうがより脅威になっていたとはいえないだろうか。

〇一年十二月にWTOにも加盟し、いまや自国通貨の人民元の為替レートが他国に及ぼす影響を慎重に見極めながら決めなければならなくなった中国は、国際的な経済秩序に縛られ、当然ながら、関係諸国と相互依存関係にあり、身勝手なことができないようになってきている。

★援助はどのように変化したか

中国が開かれ、安定した社会になり、国際社会の一員として責任を果たしていくようになることは、日本の国益にかなっている。

八一年から対中ODAには、贈与である無償援助が加わった。八八年八月に訪中した竹下登首相は、九〇～九五年の六年間で総額八千百億円の第三次円借款を供与すると発表、鄧小平が深い謝意を表した。ところが、翌八九年の天安門事件で西側諸国が一斉に対中経済制裁に踏み切り、日本政府も円借款の実施を中断して足並みを揃えた。だが、翌九〇年七月に、日本は西側諸国の中でもっとも早く対中経済制裁を解除した。

九四年六月と同十月に中国が相次いで地下核実験を実施したため日本政府が抗議したが、中国は翌九五年も五月と八月に地下核実験を強行した。

それに対して日本は同八月、対中ODAのうち人道主義的緊急援助と民間援助を除く無償資金協力を凍結することを表明。これにより九四年度に約七十八億円あった無償資金協力は、九五年度は約五億円まで減少した。対中ODA史上、初めて明確なかたちで「援助削減」のカードが発動されたのである。

核実験と前後して中国の目覚しい経済発展が世界的に注目されるようになり、一方では、九五年の李登輝台湾総統の訪米に対し怒った中国が、台湾威嚇のため九六年にかけてミサイル発射を含む大規模な軍事演習を実施したため、日本では中国警戒論が急速に高まった。日米同盟の再定義問題や日本が実効支配する尖閣諸島への中国人上陸騒ぎなども手伝い、日本国内で対中ODAに対する批判の声が聞こえるようになってきた。

第四次円借款（九六～二〇〇〇年）では、大気汚染防止装置などの環境プロジェクトや農業、中西部地域のプロジェクトを大幅導入するなど、従来の港湾、鉄道、道路などのインフラ整備中心からの転換が特徴となった。

日本にも影響する酸性雨や黄砂などの環境問題と、貧富の差や農村と都市の収入差、大陸と内陸との地域差などさまざまな格差が拡大し続ける中国の変化に対応した援助へと調整された。

政府が〇一年十月に策定した「対中国経済協力計画」によって、対中ODAは大幅に見直され、〇三年度は九百六十六億九千二百万円と、過去最高だった〇〇年度の二千百四十三億九千九百万円に比べて半分以下に減った。

円借款については過去累計で三兆九百四億円（三百三十八件）が貸し付けられているが、中国政府は九〇年から元本の返済を開始、利払いを含めて〇三年度の返済額は千五十八億円（元本六百五十二億円と利子四百六億円）にのぼり、〇三年度の貸付額を上回った。日本からの借り入れ額よりも中国からの返済額のほうが多くなったのだ。ただ、元本に限っても、中国はこれまでに四千百五十五億円を返済したが、それでもあと一兆六千八百六億円の返済が残っている。

第四章——日中友好の最高峰（第一回目の在中国大使館勤務）

★急速に強まった日中友好ムード

七二年に日中は国交正常化をしたものの、それはあくまで表面的な外交関係正常化にすぎなかった。中国にとって、イデオロギー的には、資本主義国は依然として「階級の敵」だったからである。

日本は北京に大使館を開設したとはいえ、中国外交部は、西側の一員である日本大使館と接触すること自体が堕落と認識していたようで、外交部自体へのアプローチすらままならなかった。北京市内の調査に出歩けば、例の二十キロ制限に引っ掛かり、許可を求めるたびに却下されるなど、取り付く島がなかった。

そうした冷え冷えとした関係を変えたのが、七八年の平和友好条約締結であった。条約締結後はようやく外交部が日本を友好国の一部とみなしはじめ、一定の対応を見せるようになり、北京大使館の実質的な活動が始まった。

私が一等書記官として北京に赴任した八三年は、奇しくも日中関係が飛躍的に発展する一大転換の年となる年であった。きっかけは胡耀邦総書記の訪日で、親日的かつ人間的な魅力をふりまく胡耀邦ブームが日本国内で起こり、これを契機に日中友好ムードが急激に高まりを見せたのだ。共産党のトップが訪日して日中友好関係を謳いあげる効果は大きかった。

日中関係が表面的ではなく実質的に正常化されたことが確認されると、当時の西側諸国の中で日本は、中国からずば抜けた友好国として位置づけられた。

当然ながら、これは胡耀邦総書記が単に親日的であったなど、中国指導者の個人的な理由のみに帰すべきものではない。当時、中国は改革・開放政策を実施し始めてから数年がたち、同政策を支持する観点から日本が開始した経済援助が軌道に乗り始めた時期でもあった。

八五年にはプラザ合意がなされ、日本円が急騰し大変な円高不況になりかけたが、これをなんとか克服し、円高を背景に中国に対する投資ブームが日本に起こった。このとき日本の経済は絶頂期に入り、アメリカの著名経済学者エズラ・ヴォーゲルが著した『ジャパン・アズ・ナンバーワン』がベストセラーとなり、中国から大量の視察団が訪日し、日中貿易が急速に拡大した。日本の存在は中国経済にとって、経済援助はもちろん、投資、貿易、いずれの領域をとっても欧米諸国をはるかに引き離し、他国に比べて圧倒的なものとなっていた。

★最高の親日派だった胡耀邦

胡耀邦総書記の親日ぶりは広く知られるところで、当時の日本大使が一週間に数度も胡耀邦総書記と会う機会を持ったのはその証左であり、日中の蜜月ぶりは、北京赴任直後の私の目にもしっかりと焼きついていた。

胡耀邦総書記がいかに親日派であったかの象徴的な例をいくつか挙げてみる。まず、強烈に脳裏に焼きついているのは、胡耀邦が鹿取泰衛大使の招きを受けて大使公邸を訪ねてきたことで、これは前代未聞の出来事であった。その返礼として、中南海の胡耀邦総書記の執務室に大使館員全員が招かれた。バイキング形式の豪華な食事が用意されて、当時北京では食べられないような日本料理まで揃えてあった。

当時は日本から政財界人の訪中が相次いだが、北京大使館側が面会を要請するたびに胡耀邦総書記は常に快諾した。中国共産党の事実上のナンバーワンがそうした対応を見せるのはまさしく例外中の例外で、他国大使館では考えられないことであった。

また、中国首脳が臨席する会見会場においては、通常は外交部の記録係のみが筆記する慣例になっていたが、胡耀邦総書記のときに限って、中国側出席者の様子が違った。同席の大臣クラスまでメモを片手に胡耀邦総書記の発言をいちいちメモしていたのである。

胡耀邦は、その場でときどきトップシークレットを喋ることがあり、われわれは毎回興味津々《しんしん》で臨んだものだ。当時、北朝鮮の金日成訪中をわれわれの前でポロリと漏らしたときには、中国側出席者のほとんどもはじめて聞く情報であったろう。われわれはそれを聞いて身震いを覚えた。

胡耀邦総書記が日本に対してオープンな姿勢をとるため、外交活動もじつにやりやすかった。私は当時一等書記官だったが、たいていの件で外交部の課長クラスに会えたし、場合によっては、その上の参事官クラスにも会え、率直なやりとりができた。

各国の外交官との意見交換会を開けば、当然、私が一番大きな顔ができ、みんなに羨ましがられた。そういう時代だったのだ。

★「鶴の一声」で日本人学校が誕生

胡耀邦総書記の日本贔屓《びいき》は、山崎豊子の小説『大地の子』にも反映している。作品中、中国の田舎の様子がきわめてリアルなのは、胡耀邦が山崎の取材を特別に許可したからで、そうでなければ絶対に書けなかったであろう描写である。だが、あまりにもリアルすぎて、『大地の子』は中国では発禁本となり、テレビドラマも放映禁止となった。

その山崎豊子には、胡耀邦の前で「カニの横ばい」の真似をしたという逸話が残されている。

日本企業の第一次中国進出ブームにより急速に駐在員数が増加、それにつれて北京の日本人学校に通う子弟も増加し、手狭になった学校をどうするかが深刻な問題として浮上した。当時の中国は、国内での外国人学校の運営を認めなかったため、窮余《きゅうよ》の策として、「不可侵権」を認めた外交使節団の公館たる大使公邸の中の一棟に学校を開設していた。

最初は十五人ぐらいから始めた教室が百五十人まで膨れ上がり、教師は、生徒の机と背中の黒板の間をカニのように横ばいに歩かなければならなかった。実際にそんな大変な状況にあった日本人学校を見た山崎豊子が、胡耀邦の前でカニの横ばいを実演すると、「なんとかしよう」と本当に胡耀邦が動いてくれたのである。

胡耀邦の「鶴の一声」で、地元小学校の校庭の真ん中にベルリンの壁のようなものがつくられ、その半分が日本人学校用に手配され、大使館外に初めて外国人学校が建てられることになった。おそらく、当時、北京で暮らす日本人で、そこまでしてくれた胡耀邦に好意を抱かない者はいなかったはずである。

★胡錦濤の「靖国神社シンドローム」

いわゆる「靖国神社シンドローム」というものがある。

当時の中曽根康弘首相と胡耀邦国家主席の両者がきわめて友好的な関係であったことは周知の通りだ。しかし、八五年に中曽根首相が靖国神社を公式参拝すると表明、胡耀邦としては完全に裏切られた格好となった。それで胡耀邦は中国共産党上層部から「あんな甘いことをやっているからだ」と攻撃の矢面に立たされることになった。もっとも「敵は本能寺にあり」で、実際には権力闘争の一環で、胡耀邦の足を引っ張ることが主眼だった。

だが、少なくとも中国の内政上、日本と親しくなりすぎたことはマイナス評価になったわけで、それが決定的な要因かどうかは別として、胡耀邦が権力の座から追われた理由の一つとなった。

もう一つは八四年十月の国慶節。ちょうどこの年は中華人民共和国の建国三十五周年にあたり、天安門広場で盛大な革命記念パレードが行われた。この記念式典に胡耀邦総書記は独断で日本から青年三千人を招き、日本人が天安門の両脇の観覧席を占拠した。共産党の指導者による空前絶後のもてなしが、その後、彼が失脚するもう一つの原因となった。

ところで同じ「胡」姓の現在の胡錦濤国家主席。

総書記時代の胡耀邦により、胡錦濤は初めて中央に引き上げられた。胡錦濤は後述するように、胡耀邦の息子と党学校の同窓生で、昔から非常に親しい関係にあったわけで、今日胡錦濤があるのも、胡耀邦あればこそであり、否定しようがない。

それまで十四年間、甘粛省の水利関係の地味な仕事に携わっていた胡錦濤は、胡耀邦により全国青年連合会の書記に抜擢され、やがて第一書記となり、共産党のエリートコースに乗った。

胡耀邦が独断で八四年十月の建国三十五周年パレードに日本人三千人を招待したとき、その受け入れ側事務方のトップとして手腕を発揮したのが胡錦濤であり、じつは日本とは因縁浅からぬ関係にあるのだ。

だが、彼の大恩人である胡耀邦総書記は、八五年八月十五日、突然窮地に立たされた。胡耀邦が靖国問題を契機に失脚したことを目の当たりにした胡錦濤が、小泉純一郎首相の靖国神社参拝にきわめてナーバスになっている根っこがここに存在する。

しかし当然ながら、胡耀邦総書記が失脚した理由は、彼が親日派で日本に肩入れしすぎたことだけがすべてではない。

当時、胡耀邦が文革の評価の見直しを始めようとしたことも理由の一つだった。共産党員の中から、文革時に悪質な暴力行為を働いた極左派を排除しなければ党の立て直しはできないとのキャンペーンを張ろうとしたところ、左派傾向を持つ党員から猛反発を食い、キャンペーンは事前に潰された。

もう一つの大きな理由として、胡耀邦が近代化を進めていくうえで、新たな共産党幹部の選抜基準「幹部四化」を提唱したことが挙げられる。幹部四化とは、革命化、若返り化、知識化、専門化を指すが、とりわけ、若い層を引き上げ、高齢層に退場を迫る若返り化は、鄧小平を含む陳雲、王震など共産党第一世代の重鎮の逆鱗に触れた。

加えて、胡耀邦が民主化路線を急ぎすぎたということもある。

以上挙げてきた要因が複合的に働いて潮目が変わり、胡耀邦は排除されていった。その表向きの理由として、日本贔屓を突かれたのだ。

八七年一月十六日の政治局拡大会議で、胡耀邦は、集団指導原則、政治原則の誤りを追及され、辞任に追い込まれた。私が北京での任期を終えて次の任地パリへ赴任する直前のことだった。

「胡錦濤は胡耀邦と同じ失敗を靖国問題でしでかしてはならないという意識を強烈に抱いている」と事情に通じた中国人は異口同音に語る。靖国パラノイアではないが、まさに胡耀邦がはまった陥穽を胡錦濤周辺の人々は非常に怖がっていると聞くという。胡錦濤が日本の要人と会いたがらないのも、これが遠因だとしたら悲しいことである。

第五章——ココムと対中技術規制（ココム日本政府代表時代）

★アメリカが東芝機械事件に激怒した理由

八七年の二月からココム（対共産圏輸出統制委員会）日本国政府代表として在仏日本国大使館勤務となった。

ココムの事務所は、当時の在仏日本国大使館から歩いて十分程度の場所にあるアメリカ大使館の別館として扱われているビルに入居していた。ビルの入り口には常時海兵隊の兵士が立ち、入場者に目を光らせていた。

私が赴任したとたんに「東芝機械事件」が起こった。

事の発端は、アメリカ大使館からの「東芝機械が認可されてない工作機械をソ連に輸出している嫌疑がある。調べたし」という要請だった。私の前任者のときからの案件で、前任者は、「その恐れはない」という本国からの報告をそのままアメリカ側に伝えていた。

赴任直後、アメリカ大使館のしつこい要請に堪りかね、日本の通産省（当時）に再度確認をとると、「そこまでいうのならば、ハードエビデンス（確たる証拠）を提出せよ」と反論された。私がそんなことまでいっていいのかと躊躇しながら、そのままアメリカ大使館側に伝えたところ、ソ連の潜水艦の製造現場と思われる写真と、潜水艦のプロペラ音を静粛化する高度な工作機械の写真を提出してきた。日本側が青ざめたのはいうまでもない。

結論から述べれば、当時の通産省があまりに性善説に立ち、日本企業に対して甘かったということだ。おざなりの調査に終始した通産省は、日本企業がそんな行為に及ぶなどとはハナから考えておらず、逆に開き直ってしまったのだった。

しかし、アメリカ側は決定的な証拠写真を出してきた。彼らからすれば、そうした情報を明らかにすることは、情報入手ルートを知られる恐れが生じるわけだが、そこまでのリスクを冒《おか》しても、入手した機械の証拠写真を提出してきた。同時に、公の場で猛然と日本を非難した。

「同盟国でありながら、安全保障を守る体制があまりに杜撰である」

結局、逮捕された二名は、罰金と執行猶予つきの懲役となった。

しかし、こうしたココム違反で検挙されるのは日本企業に限らない。ドイツにもフランスにも同様の事件は起きている。それなのになぜアメリカは日本に対してのみ激怒したのだろうか。

実際に東芝機械事件の直後、フランス国営企業がココム違反で摘発された。戦闘機の主翼部分を工作する機械をソ連に輸出したためで、東芝機械と同レベルの技術流出と思われたが、アメリカ側は議会で取り上げたものの、大騒ぎにはならなかった。

この差には理由があって、フランス政府は戦略的な観点からこのような違反には最高刑は死刑までと定めているからである。対する日本は国家の司法体制として整備されておらず、そこがフランスと日本ではまったく違ったわけだ。

これを受けて、日本政府は大慌てで外為法の改正を行った。

★国家安全保障に鈍感な日本企業

だが、残念ながら、依然として、日本企業の国家安全保障的観点からの自覚は薄いといわざるを得ない。

〇五年十二月、警視庁公安部は、軍事転用可能な無人ヘリコプターを人民解放軍系企業に不正輸出したヤマハ発動機を家宅捜索し、経済産業省は同社を刑事告発した。

最近も、精密測定機器メーカーのミツトヨが、核兵器の開発に転用可能な三次元測定器を中国とタイに無許可で輸出したとして、同じく警視庁から家宅捜索を受けた。

これだけ中国の軍事力が脅威といわれるなか、いまだに自社の利益を最優先し、母国の安全保障について鈍感である企業が存在することを白日の下に曝《さら》した。

企業というものは利潤を追求するあまり、ある程度暴走することもあるかもしれない。だからこそ、暴走を防止する法的な枠組みがきわめて重要となってくる。

レベルは異なるとはいえ、例のマンションやビジネスホテルの耐震偽装工作についてもしかりである。建築基準法違反で有罪になっても罰金五十万円で済むから、リスクを冒す気になったのではないか。企業が外為法違反を犯すのもその程度の認識ではないだろうか。

私の感想を正直に述べるならば、「まだ日本企業はそんなことやっていたのか」という驚きである。ヤマハ発動機がどこまで確信犯的にやっていたのかは知るよしもないが、こうした国家安全保障に関する事件を起こした企業に対しては国家として欧米並みに厳しい社会的制裁を加えなければ、根絶は難しい。

これらの事例は、中小企業が食い詰めてしまい、生きのびるために自社で技術開発した機械を北朝鮮絡みのエージェントに売ったというのではない。ヤマハ発動機やミツトヨという大企業がいまだにこのような犯罪を犯しているという危険性を国民一人一人が自覚しなければ、日本人の安全保障に対する認識は何年経っても変わらないかもしれない。

★天安門事件後の中国を救った日本

話は戻るが、東芝機械事件後、技術革新のスピードにココムの規制が追いついていないと危惧したわれわれは、ココムリストの総ざらいをすることになった。

作業を進めていくうちに、ヨーロッパ各国が中国に対して、巡航ミサイル製造に関係する軍民両用技術などの個別の「特認案件」を包括的に許可したい、すなわちそれらをココムリストから外したいと打診してきた。

日中平和友好条約を締結したとはいえ、それはあくまでココムの規制対象なので、東アジアの

ココムのタラリゴ議長(イタリア人)が89年に訪日した際、奈良を案内した筆者

安全保障に責任を持つ、日本および米国は反対の立場をとった。すると、オランダが「中国そのものをココムリストの対象外にすべきだ」と強硬に迫ってきた。

中国が当該装置の技術を輸入して巡航ミサイルを製造すると、ヨーロッパには届かないが、日本はもろに射程距離内に入ってしまう。中国に先進的な技術が流れれば脅威に晒されるのは日本であり、アメリカも当然、東アジアにおける安全保障の戦略上、反対だった。

エンドユーザー登録の信用性が乏しいことや、中国から第三国に当該装置が流出する恐れがあることなど、中国側の管理体制の不備を指摘して、オランダを中心とする対中輸出容認派に日米は敢然と抵抗した。

「日本は平和友好条約まで結んだ中国を信用しないのはおかしい」

会議のたびにヨーロッパ各国のココム代表は皮肉を浴びせてきた。

そんな矢先の八九年六月、天安門事件が起こった。事件後、ヨーロッパ各国は手のひらを返すように、対中姿勢を硬化させて経済制裁に踏み切り、ココムに関してもより厳しさを増した。日本もいったんは各国に歩調を合わせて、円借款を見合わせた。

だが、事件後開催されたパリのアルシュ・サミットで、四面楚歌に陥った中国を逆に擁護する立場をとったのは日本だった。中国を孤立化させてはならないと各国首脳に対して主張、経済協力、とくに円借款を最初に復活したのが当時の海部俊樹首相であった。

国際的に孤立する中国の最大の弁護者として、懸命の努力を重ねた日本の姿をごく一部の中国人しか知らないことは非常に残念である。

八九年に帰国後、経済安全保障室という部署に配属された私は、引き続きココムやミサイル規制の体制に関係する仕事に携った。その後再び経済協力局の国際機構課の課長職として、たびたびOECDのDACに参加し、対中ODA問題などを通じ、中国とさまざまな関わりを持つことになる。

第六章——台湾人の悲哀（台湾勤務時代）

一、台湾の特殊性

★近代化に猛烈な投資を行った日本

台湾には一九九三年八月から九六年三月まで、財団法人交流協会台北事務所の総務部長として赴任した。

台湾ほど親日的な場所はないと思う。外交官生活の中で自分が生活したことのある場所および出張などで訪問した他のいずれの場所よりそう感じる。日本との文化的な繋がりが深く、日本の風俗、習慣が浸透しており、日本の大相撲の番付を場所中ずっと掲載する新聞があったほどだ。

そんな台湾の歴史をざっと振り返ると、スペインの植民地、オランダの植民地、鄭成功（明末の遺臣）の支配、その後、清朝が版図に入れ、ようやく十九世紀末になって台湾省との位置づけとなった。その後、清朝が開発を試みようとしたが、十年も経たないうちに日清戦争の結果、一八九五年、日本に割譲された。

それから日本による五十年に及ぶ統治が始まった。当時、植民地を持つことは一種のステータスシンボルで、日本としては先進国の仲間入りをするために、台湾の近代化に猛烈な投資を行った。未開の土地を開拓し、ダム、灌漑設備をつくり、道路、鉄道、学校、工場、農場などを建設し、それらのプロジェクトを指導する各分野の精鋭を日本からどんどん送り込んだ。その意味で、日本が初めて実質的に台湾の「国づくり」を行ったといえる。

台湾が日本に割譲される際、台湾人には日本の支配下に入るのか、中国大陸に戻るのかの選択の自由が与えられた。大半は台湾に残り日本人になったが、もともと歴史的には中国から渡ってきた人が多かった。

よく台湾植民地五十年と朝鮮半島植民地三十六年との比較で、「台湾人が親日的であるのに朝鮮人は反日的であるのはなぜか」との問いが出されるが、その理由の一つに両者の歴史の違いが挙げられよう。

台湾総督府は、台北市のど真ん中の、もともと何もない野原に建設された。朝鮮総督府は李朝の王宮の前に王宮を隠すように建てられた。この違いが象徴しているように、台湾の植民地は中国から「化外《けがい》の土地」として見捨てられていた島に、日本がいわばゼロから近代都市を建設したのである。

当初はコレラやマラリヤが蔓延し、駐在兵士の死亡原因のほとんどが疾病によるものだった。

統治最初の仕事が、コレラやマラリヤの駆除およびアヘン吸引の悪習の排除だった。五十年統治の後、小学生の就学率はゼロから七〇％以上になった。

他方、朝鮮半島においては、数千年続いてきた自己の歴史が外国の支配者に塗り替えられることへの反発が必然的に起こった。したがって、植民地時代にそれぞれで起こった反日運動の規模や激しさは朝鮮半島のほうが比較にならないほど苛烈を極めた。

そして何より、日本が去った後、台湾は中華民国の「植民地」になったのに対し、韓国は独立を勝ち得たことが、その後の両者の対日感情に決定的な違いを生み出したといえよう。

☆「犬が去って豚が来た」

四五年、日本が敗戦を迎えたとき、祖国復帰ということで、台湾の人々は大陸から国民党軍が台湾統治のため上陸するのをどらや太鼓を鳴らして歓迎した。しかし、実際にやってきた「中華民国」の兵隊は、正規軍というより敗残兵に近かった。鍋釜を背負い、靴も履かず草鞋を履いて、武器、装備は恐ろしく貧弱だった。規律正しく、近代化されていた日本軍とは逆に、彼らには教養がなく、規律も乱れており、台湾人の財産を没収するなど略奪の限りを尽くした。

笑い話としてよく聞かされたのは、大陸から来た兵隊は、それまで水道も電気も見たことがなく、水道の蛇口や電球を壁や天井に取りつけ、「水が出ない、電球がつかない」と怒って台湾人を殴ったという話である。もともと台湾に住みついていた人は本省人、戦後大陸から渡ってきた人々は外省人と呼ばれるようになるが、当時本省人が外省人に対して幻滅したのも無理からぬことであった。

そのような不満が二年後の一九四七年に爆発し、有名な二・二八事件が起こった。

二月二十七日に外省人の闇タバコ摘発隊が、闇タバコ売りの老婆を殴打し、それを見ていた群衆が摘発隊に抗議したところ、摘発隊が群衆に発砲し、死傷者が出、これをきっかけに二十八日から暴動が発生した。これを取り締まるため軍隊が投入され、その後、全島で大学教授、医師、弁護士などの知識分子を中心とする本省人約二万八千人が虐殺されたとされる。本省人は、日本統治時代から「中華民国」になったことを、「犬が去って豚が来た」と表現し、当時の気持ちを表した。犬はきゃんきゃん吠えて煩《わずら》わしいが、家を守ってくれる。豚は何もしないでただ食べ散らし、周りを汚し回るというわけだ。

四九年、大陸から台湾に亡命してきた蔣介石の国民党政府は、全島に「戒厳令」を布告し、さらに翌五〇年には、大陸反攻を目指し、国内の内乱状態を平定するとして、「動員戡乱《かんらん》（反乱平定）時期臨時条款」で、憲法で保障されるすべての人権を国民から奪った。

つまり、国民党政府は、台湾内は依然として戦争状態にあるとして、戒厳令と臨時条款により台湾を支配したのである。いわゆる白色テロの時代がその後三十年間、八〇年代まで続いた。

そうした事実、あるいは李登輝前総統がいった「台湾人の悲哀」を、大陸の人々は知らされていない。というより、あえて認識しようとしない。要するに、弾圧する側の外省人たちは、自分たちが台湾で何を行ってきたかを大陸の人々には語らないということだ。彼らはあえてそれを問わないし、認識しようともしない。そこに現在の台湾人と大陸人に大きな認識のギャップが横たわっている一因がある。

★台湾の歴史認識に欠ける大陸の中国人

現在の台湾の人口の約八五％を占めるいわゆる本省人は、台湾の歴史が始まって以来ほとんど「外来政権」により支配されてきたが、八八年の李登輝総統の誕生によって歴史上初めて本省人が台湾のトップとなり、九六年三月には、台湾住民は李登輝を直接選挙により総統に選出した。

たしかに四五年から四九年まで、台湾は中華民国の下で大陸と一体になった。しかし、中華人民共和国の成立によって、台湾は大陸から再び切り離され、八七年の「台湾人大陸訪問解禁」まで大陸とはまったく没交渉であった。

このように、大陸とは百年近く分離状態にあり、生活レベルも格段に異なり、政治体制もまったく違う台湾。外省人からの支配をようやく脱し、自らの主人を自らの手で選べることとなった本省人の気持ちを鑑みると、統一するにしても「自由、民主、均富」が大前提である。その見通しが立たない状況下で、「独立宣言をすれば武力により解放する」との脅迫を受けている以上、現状維持を続けるほかないとほとんどの台湾の人々が考えるのももっともなことといえる。

もし大陸からの脅威がなくなれば、台湾の人々が他の東南アジアの国々と同様、「主権国家」として存在したいと考えるのは至極自然なことであろう。

いずれにせよ、いまの本省人の気持ちを率直に表すと、中国が主張するいわゆる「一国二制」は、中華人民共和国の下での統一を意味し、ようやく外来政権である「中華民国」から実質的に独立を果たしたばかりなのに、再び「中華人民共和国」の植民地となることなどまったく受け入れられないということに尽きよう。

これまで大陸の中国人と台湾問題を論じるたびに、中国人のほうに常に何か基本的で重要な要素が欠落しているとの感を免れなかった。

彼らは、民族の大義から統一は当然と信じ切っており、それに反対するのは中華民族の風上にも置けない売国奴だと思い込んでいる。かたや、ほとんどの台湾住民の本音は、中華人民共和国の下での統一など真っ平ごめんということだ。

なぜそのようなギャップが生じるのか。答えは簡単で、大陸の中国人に、台湾の住民がどのような歴史を経て今日があるのかとの「認識」が決定的に欠けているからだ。とくに、戦後、大陸から台湾に亡命してきた中華民国の人々が本省人をどのように扱ってきたかの認識である。したがって、台湾問題の解決には、まず、中国人自身の台湾に対する「中華民国政府が台湾人に何をしたかについての過去」の認識を正しく持つことが不可欠といわざるを得ない。

★中国の大義と国際スタンダードの衝突

八八年、蔣経国総統の死去により李登輝副総統が昇格し、台湾で初の本省人の総統が誕生した。

就任三年目の九一年、李総統は動員戡乱時期臨時条款を廃止した。中華人民共和国が大陸を支配する合法政府であると認め、中国はもはや内乱状態になく、中華民国と中華人民共和国の二つの政府、二つの政治実体に分治されている状態にあるとの認識を示したのである。その後、独立を党の綱領に掲げる民進党が主張してきた政策を取り込み、中国の代表権に挑戦することなく、オブザーバーとして国連の専門機関に入ることを主張し始めた。

他方、世界の主要国は、中華民国が国連を脱退した七〇年代に中華人民共和国と国交を結んだ。その際、両政府が正当性を主張していたため、中華人民共和国の主張、すなわち、台湾は中華人民共和国の不可分の一部であることを「理解し尊重」したり、「承認」したり、「take note」したりしている。

中国はこれらのコミットを盾に、台湾問題は内政問題であり、他国が干渉することを許さない、もし干渉する場合は、武力行使も辞さないとの強硬な姿勢を取っている。

台湾の統一は、共産党革命でやり残した民族の大義であり国是である。これを遂行できなければ、共産党は自己の統治の正統性を全うできない。いかなる犠牲を払っても、台湾統一を実現しなければならない。大陸の人々は中国共産党からこう教え込まれている。

しかしながら、台湾の意思に反して、大陸が共産党の大義を果たそうとすることは、二十一世紀の国際スタンダードとして許されるのか。

台湾問題、これはまさに人権の問題だ。中国は内政干渉は許さないと主張するが、台湾問題は、中国一国の国内体制をいかなるものにするかとの内政問題の枠をはみ出している。台湾が主張する自らの統治者を自ら選ぶ権利を持つという「基本的人権」は一つの国際スタンダードであり、中国の国家統一の主張と正面衝突することになる。

このことを中国は十分に理解する必要がある。

国家主権に伴う権利としての内政不干渉の原則の下で処理されるべき問題であると主張する中国。台湾の将来は二千二百万人台湾住民の自決権によって決定すべきであり、自由と民主の価値を共有する台湾住民のこれらの基本的人権が尊重されるべきであると主張する台湾。この二つの主張をいかに調整するかが、今後の日本の対中、対台湾政策を遂行するうえで避けて通れない重要課題となる。

また、台湾人の日本に対する認識の変化についても忘れてはならない。

日本統治時代の記憶を持ち、日本の教育を受けた七十歳代以上の本省人は、たしかに日本に対して、強い親近感を抱いている。しかし、戦後は外省人による意識的に中国人意識を植えつける教育および日本との繋がりを断ち切る反日教育が行われ、戦後世代の台湾人の対日意識は戦前世代と比較し、それほど親日的とは言い難い。

今後、日本の台湾に対する対応が、とりわけアメリカと比較して極端に冷淡である場合には、若い世代の日本に対するイメージが悪化する潜在的な危険性が存在することを忘れてはならない。

二、大阪APEC非公式首脳会談への代表出席問題

★野党・民進党との積極的な交流

私の赴任した財団法人交流協会台北事務所に話を移す。

七二年の中国との国交正常化により、日本と台湾との外交関係がなくなった。しかし、民間の関係の維持は差し支えないということから、実質的に大使館の役割を果たす目的でつくられたのが交流協会であった。

一方の台湾側も、それに呼応して、同様の民間団体の亜東関係協会を設立、台湾の日本における外交の窓口機関、台北駐日経済文化代表処を東京におくことになった。

私はいったん外務省を休職し、民間のパスポートで交流協会へ出向し台北への赴任となった。交流協会のその他の職員のほとんども、私と同様、民間人に一時的に身分を変えた国家公務員だ

民進党の精神的リーダー彭明敏(中央)。右は小島朋之・慶応義塾大学教授

った。

断交前の台湾に、私の先輩が何人か赴任していたが、その当時は蔣介石が健在で、日本の外交官は非常に厳しい監視下に置かれていた。当時の民進党は非合法政党であったため、関係者との接触はほとんどできなかったようだ。

私が赴任した九三年は、李登輝が総統となって五年半が過ぎていたときだった。李登輝総統は、物騒な動員戡乱時期臨時条款に終止符を打ったのをはじめ、これまでの外省人の力による支配をどんどん変革していった。台湾は時代の大きな潮目を迎えていたのだ。

象徴的な出来事は、九二年、民主化リーダーの彭明敏をはじめ多くの反体制台湾人のそれまでの国外追放措置が解除されたことだった。

蔣経国の時代、国際法学者で台湾大学の最年少教授(当時)となった本省人の彭明敏は、六四年、台湾民主化を訴える「台湾人民自救宣言」を起草、発表したことから投獄された。その後、日本のパスポートで海外脱出に成功し、アメリカに亡命、二十数年間の亡命生活を強いられていたが、ようやく台湾への帰還が許されたのだ。後に彼は、九六年の総統選挙で国民党が李登輝を立てたときの、民進党の初の総統候補者となる。

民進党も合法化され、精神的なリーダーの彭明敏が台湾に戻ってくると、支持者が彭明敏基金会を設立し、国民党とは異なる政党を育てようという機運が高まってきた。

まさに台湾に民主化の波がうねりだしたときに、私は台湾に赴任したのだ。

交流協会は、外省人の国民党支配時代には、当局の監視を恐れ、民進党関係者との接触を控えてきたため、民進党に人脈がなかった。だが、民進党が合法化され、台湾の民主化の趨勢は不可避と判断した私は、むしろ民進党関係者との接触のほうを積極的に行う決意を固めた。

彭明敏本人はもちろんのこと、謝聡敏など彭明敏の民主化宣言起草に係わり、その後、十七年に及ぶ長期の投獄にも耐えた民主化の闘士たちとの知遇を得た。

彼らとの接触を通じ、本省人、とくに民進党の中核を占める人たちの情熱と、それまでの辛酸を舐める苦労を知るにつれて、交流協会と彭明敏基金会の活動との連携を強めていった。

私が基金会主催のシンポジウムなどにあまり頻繁に出入りするので、当時、国民党の許水徳秘書長から、「最近、交流協会は民進党の関係者としか会わないようだね」と皮肉をいわれるほどであった。

本省人に対する理解が進むにつれ、本省人が台湾の主人になった際の日台関係を円滑にマネージするには、できるだけ多くの日本人に台湾人が味わった悲哀を知らせる必要があると強く感じた。同時に、台湾が国民党の支配から大きく変わったことをアピールし、日本全体を覆っていた台湾の陰惨な白色テロのイメージを払拭したかった。そのためには、亡命先から戻り、台湾の民主化の仕事を進めている彭明敏の話を聞かせて、日本にフィードバックしてもらう必要があった。

当時、司馬遼太郎の『台湾紀行』がベストセラーになっており、『週刊朝日』誌上での李登輝総統と司馬の対談が大きく取り上げられるなど、「本省人から見た台湾」への関心が高まりつつあった。そこで、日本の著名人を交流協会と彭明敏基金会との共催シンポジウムに招待する計画を立てた。

その中には、小島朋之、国分良成などの中国学者のみならず、日本のマスコミに影響力のある錚々たるメンバーをリストに入れた。そのうち何人かは招聘に成功したが、一部は都合がつかず、名代としてその知人で同じく日本のマスコミに大きな影響力を有する人たちが相継いで訪台した。

訪台した彼らの多くは李登輝総統に面会して、総統の人間的魅力に魅せられ、親台湾になっていった。

★外省人に牛耳られていた台湾外交部

九四年十月、広島で第十二回アジア競技大会が開催された。

誰が台湾代表として参加するかが取り沙汰されたが、台湾側から副総理クラスの徐立徳行政院副院長を送るとの連絡があった。ただ、徐立徳行政院副院長はたまたま台湾のオリンピック協会の会長を務めていたので、そちらのほうの資格で参加するとのことだった。

外務省も民間のスポーツ大会に民間の資格で参加することを認めることは、七二年の日中共同声明に違反しないとの判断で許可した。

徐立徳行政院副院長が入国すると、中国から「台湾政府の高官の入国を認めることは、中日共同声明の精神に反する」と強硬な抗議がきたが、その際は中国の抗議を押し切った。

翌九五年十一月、大阪で開催されたＡＰＥＣ（アジア太平洋経済協力会議）非公式首脳会議への代表者出席問題で、われわれは日台関係の難しさに直面することになる。

従来、台湾の代表としては経済関係の閣僚クラスが参加していたが、今回の大阪での非公式首脳会議については、李登輝総統の強い指示により、徐立徳行政院副院長を李総統の代理として出席させたいとの意向を示してきたのだ。前年のアジア大会の代表で日本側に受け入れられた実績から、李総統が指名したと思われた。

ところが、外務省は前年の中国からの強硬な抗議に配慮し、同年春頃には、すでに徐立徳行政院副院長の入国を認めない方針を固めていた。当時は親中派の村山富市内閣で、官邸には、「別の候補を出さないなら台湾は来なくてもいい」といったぐらいの冷たい空気が漂っていたと思われた。

対する李登輝総統の日本政府への反発はきわめて激しいものだった。日本の外務省への評価も厳しくなっており、当時、台湾の新聞に「日本の外務省は中国の外交部の手先みたいな感じがする」とまで語っていた。私はこのまま放置しておけば日台関係が大変なことになる、との強い懸念を持った。

ちょうどそのころ、李登輝総統の盟友である何既明の訪問を受けた。終戦直後、李総統が日本から台湾に引き揚げたとき、船内に疫病が流行り、約一カ月、上陸を見合わせていた。そのときに、医師として乗り合わせて、李総統の世話をしたのが何既明だった。

彼もまた私に対し、同級生に話しかけるような親しげな日本語で、「大阪APECの代表問題をうまく解決しないと、日台関係が壊滅的な状況になっちゃうよ。何とか知恵を出してよ」といった。

危機感を募らせる何既明に、私はこう答えた。

「大阪APECの台湾代表については、徐立徳行政院副院長以外の候補を立てないと、日本側は台湾からの出席者抜きで開催しかねません。早急に別の候補を立ててください」

さらに、李登輝総統とわれわれとの直接のパイプをつくる必要性を訴えた。

というのは、交流協会と台湾当局との正式なルートは亜東関係協会であったが、事実上、台湾政府外交部とも次官レベルまで緊密なルートを有していた。しかし、外交部ルートの窓口はすべて外省人に牛耳られており、われわれが外交部と接触したマターに関してはすべて大陸側に筒抜けであった。とくに、日本が日中共同声明と係わり合いが生じるような行動を取ろうとすると、必ず妨害された。

★候補の名前が漏れてしまう

総統府への伝達の役目を何既明に依頼した私は、ただちにシナリオづくりにとりかかった。李登輝総統の面子を立てるために、ハイレベルの政府特使を台湾に派遣し、日本側から徐立徳行政院副院長以外の候補を出すことを要請するかたちをとる必要があった。

第一の提案は、日本政府が政府特使を出すことであった。当時の外務省官房審議官を推薦した。

第二の提案は、中曽根元総理の訪台。これも台湾側の面子を立てるためである。中曽根元総理は、主計中尉として敗戦を台湾の高雄で迎えた経歴があり、台湾に多くの友人を持つと聞いていたからであった。李登輝総統が中曽根元総理との面談を望んでいると伝えれば、中曽根元総理の訪台もしやすいのではないかとの見込みもあった。

第三の提案は、それほど説得力を持つとは思われなかったが、交流協会として責任を持って確実に履行できる自信があったものだ。さまざまな交流事業を行うAPO(アジア生産性機構)、FFTC(食糧肥料技術センター)およびAVRDC(アジア蔬菜《そさい》技術開発センター)など、台湾が加盟する数少ない国際機関に対する拠出金を増額することであった。たまたま私は台湾赴任前、外務省の国際機構課長職にあり、これらの国際機関への拠出金に対する日本政府の予算に携わっていた。とくにFFTCとAVRDCの本部は台湾にあるので、これは日本政府から台湾に対する一種のモラル的な支援といえた。

このシナリオを八月中旬、何既明を通じて李登輝総統に間接的に伝達した。李総統からほとんど即決に近いかたちで、用意したシナリオどおりに実施するとの条件で、APEC代表の第二の候補者を出すとの快諾を得た。

第一の提案に関しては、李総統は当該官房審議官と面識はなかったが、東京を説得するためには、李総統が同審議官を指名したかたちにしたほうがよいとの判断で、李総統の了解を得て東京に伝えることとなった。

第二の提案については、私が従来からの知己を通じて中曽根事務所のある砂防会館を訪問し、中曽根元総理に直接趣旨を説明し、台湾訪問を申し入れた。当時の中曽根元総理は、中国と台湾の両方を見ていて、台湾への出番はまだだとしてなかなか腰が上げられない感じがした。しかし、訪台すれば、大勲位となった元総理を大歓迎してくれる人たちがいるのは確実であった。

その後、このシナリオの実現に向けて外務省との根回しが始まったが、外務省との接触の結果を、ある人物を通じてその都度李総統に報告し、総統の信頼を獲得した。総統より、徐立徳行政院副院長の代理を立てるとの感触を得て、日本政府より政府特使の派遣を要請することとなった。

ところが、外務省は、総統に指名された格好になった審議官が本件出席問題で訪台すると、同審議官の対中関係の将来に差し支えが出るとの懸念を強く持った。そこでさらに、検討の結果、松永信雄政府代表を特使として台湾に派遣することとなった。李登輝総統としても「政府代表」が特使になるなら、何ら問題はなかった。

日本側の特使が決定すると、李総統より、APEC台湾代表として兪国華元行政院長を指名するとの意向が内々伝えられた。外務省内で検討し、元行政院長でも現役を引退した民間人の立場であれば問題ないとの判断で、外務次官まで上げて決裁を得た。

東京から政府としての最終的な返事を待っていたところ、とんでもない情報が届いた。念のため、官邸に兪国華元行政院長の代理出席の了承を得ようとしたところ、官邸から否定的な返事が返ってきたのだ。

「兪国華元行政院長は政治的影響力を維持している」と中国側が拒絶反応を示したというのである。一体誰が情報を漏らしたのか不明だが、台湾側が兪国華元行政院長を候補に考えていることをマスコミが報道、それを察知した中国側が機先を制したのだ。

★極秘会談における松永特使の手腕

中国側から否定的な反応が来る前に、すでにセットされていた期日が迫ったので、十月三十日、最終的な落としどころを見出せないまま、松永特使の第一回目の訪台となった。

総統府で李登輝総統と会見し、はじめは和やかな自己紹介から始まり、とくに李総統の日本語による日本に対する思いを聞いていると、日本人であれば誰でも李総統の魅力に自然に引き寄せられてしまう。

会談の滑り出しはきわめて順調であったが、李総統から、先方の事前のシナリオどおり、「事情により自分は出席できないので、兪国華元行政院長に代理出席してもらう」意向が告げられたときに、にわかに緊張が走った。

これに対し松永特使は、すかさず「兪国華元行政院長の代理出席は日本側にとり不都合」と明言、その場に急に気まずい雰囲気が漂った。

何かをいわなければならない。必死の思いで「日本政府の内部で検討する前に、兪国華元行政院長の名前が報道されてしまい、不都合が生じた」と私が補足説明を行った。その後は、代表代理の指名で再度調整が必要であるとの共通認識に達しただけで、何の見通しもなく会談を終えた。

その後、李総統への礼をきちんと尽くさないと、さらに第三の候補を出してもらうことはできないとの強い危機感をもって外務省で調整が行われた。その結果、再度松永特使に訪台してもらい、日本政府としてＡＰＥＣ非公式首脳会議への正式な招待状を李総統に直接手渡し、最大の誠意を尽くしたうえで、兪国華元行政院長に代わる次の候補を出してもらうよう総統を説得することになった。

十一月三日、松永特使は再度、極秘で訪台した。ところが、台北国際空港には多数の台湾側新聞記者が待ち構えていた。特使訪台については、台湾側では亜東関係協会と外交部のみが知らされていたが、前述したとおり、外省人で占められる外交部が台湾のマスコミならびに中国側に当該情報を漏らしていたことは確実であった。

こうした情報漏れは、松永特使の離台の際にも起こった。台湾では李登輝総統の極秘海外訪問についても、事前に日程が知れわたることが頻繁に起きており、情報漏れは、日台双方にとり常に悩ましい問題であった。

李総統と松永特使との二回目の会見は、総統府において、夜間、極秘裏に行われた。先方はプロトコール担当秘書のみ同席。日本側から後藤利雄交流協会台北事務所長と私が同行した。

冒頭、日本政府からの李総統宛の正式な招待状が松永特使から李総統に手渡されたものの、本題に触れることなく会見時間終了予定の午後九時を過ぎた。

双方が立ち上がり、辞去の挨拶を述べて握手の手を差し出した松永特使が、さらりと、

「ところで、ＡＰＥＣ非公式首脳会議を円滑に行うために、日台双方が受け入れられる候補を出していただけないでしょうか」

いかにもついでの話のような申し入れに対して、李総統はすべてを承知した様子で返した。
「日本側の立場もあるだろうから、検討しましょう」
先方の不満や反論を柔らかく抑えながらさらりと本題を持ち出した松永特使の絶妙のタイミングであった。期待の反応をあっさり引き出すことに成功した、外交官としての長年の経験に裏打ちされた老練さに、私は内心、舌を巻いた。

数日を経ずして、総統府より、民間人の辜振甫、経済閣僚の郭婉容、他一名の計三名の候補者が出され、台湾側としては三名のうち誰でも応じるとの意向が示された。

この中で圧倒的に知名度が高い人物が辜振甫だった。台湾セメントや中国信託商業銀行を経営する代表的な企業家。対中交流の窓口団体である海峡交流基金会の理事長を務めており、中国側の海峡両岸関係協会の汪道涵会長と会談し、中台対話に道筋をつけた大物である。後に北京で江沢民中国国家主席とも会談している。

彼の出席を蹴れば、中台の対話が途絶えてしまいかねないわけで、中国側も文句をいえるはずがない。交流協会は直ちに方針を固め、辜振甫を受け入れる旨台湾側に返答すべく準備が進められた。ところが、またもや官邸筋から注文が出てきた。従来のAPEC非公式首脳会議出席者がすべて経済閣僚であったとして、民間人の身分の辜振甫ではだめだというのである。

それに対して、台湾側はきわめてフレキシブルな対応を見せた。辜振甫を急遽、経済閣僚クラスの経済建設委員会委員に任命し、体裁を整えてきたのである。中国側からも辜振甫で問題なしの感触も得られた。

ＡＰＥＣ大阪非公式首脳会議への辜振甫の代理出席は、他の参加国はもちろん、中台双方からまったく抗議が出ず、無事成功裡に終わった。

三、交流協会の仕事

★元日本兵への未払い給与問題

台湾に赴任早々、台湾出身の元日本兵の人たち数人から面会の申し込みを受けた。

交流協会事務所にやってきた彼らに、私が中国語で、「どうぞお入りください」と声をかけると、彼らから「あなた、日本人でしょ。＊＊（中国人に対する蔑称）の言葉を使わんでください」と流暢な日本語でたしなめられてしまった。

このとき、彼らが白色テロの時代に大陸から来た外省人からいかにひどい扱いを受けたか、その憎悪の気持ちを初めて肌で感じた。

これを機会に、台湾出身の元日本兵のさまざまな集まりに招待されるようになった。私が行くと、「よく来たな」と歓迎してくれ、軍歌を歌った。『海ゆかば』や『ラバウル小唄』などを大合唱し、最後は決まって、何と「天皇陛下万歳」で終わるのだ。

驚いたのは、彼らがみな兵隊姿で会に参加してくることだった。幼いころ、私が育った京都の縁日で日がな一日軍歌を歌っていた傷痍《しょうい》軍人がいたが、それと同じ服装だった。もう七十歳近い人たちばかりだった。

元日本兵の訴えとは、徴兵中の未払い給与をもらうことである。徴兵で日本兵として南方戦線に出征した人たちが二万人以上おり、彼らの給与は戦場では支払われず、金額だけ本国の台帳に残され、日本政府の債務として残っていた。

未払い給与を受け取るのは彼らの当然の権利であったが、問題はそれを現在の価格でいくらと算定するかだった。たとえば、出征当時の平均給与総額が日本円で千~千五百円として、それを何倍にするかが問題だったのだ。

その倍率をめぐって、元日本兵の人たちの他にも、彼らを支持する日本の国会議員が何度も事務所に来たが、最終的に何倍にするかは、実際には、何倍が適当かというより日本側の予算で総額どれくらいなら支払う余裕があるかで決められてしまった。その総額を基準にして割り出された数字は、当時の為替レートの百四十倍となった。これでは、元日本兵が夫婦で日本に来て温泉に数日浸かればなくなってしまう金額でしかなかった。

「自分たちは戦線に駆り出されて、何年間も死ぬ思いをして、日本のために命を捧げて、その挙句がこれだけか」

「五十年間も待ち続けてこれだけか」

と、われわれ交流協会の職員はさんざん悪態をつかれた。

他方、終戦後の日本人の兵隊も同じような目に遭っていた。九州に復員して給与をもらっても、自分の故郷に帰る途中でなくなる程度の金額であったと聞く。当時は物不足で物価が急騰するハイパーインフレだったからだ。

とにかくわれわれの仕事は、元日本兵に対する未払い給与を返すことである。

交流協会事務所内に新たな窓口を開設すると、本人、遺族が殺到し、台帳と格闘しながら確認作業の毎日が続いた。

★査証の不正発給現場を押さえる

当時、交流協会台北事務所では、日本への渡航査証を年間で六十万件ほど発給しており、一件三千円とすると十八億円程度の収入となっていた。

私が赴任する以前、査証の発給体制に問題があり、日本人職員を含め、一部職員を解雇し、処理は済んだという話を聞かされていた。

ところが、私が着任してまもなく、台湾の立法院において、「交流協会の査証部門がカネを取って不正に発給しているらしいが、どうなのか」と質問が出された。

そんなはずはないと思ったが、過去の例もあり、徹底的に調査することにした。

当時、一日に二千件から三千件の査証の申請があった。

申請者のパスポートを預かり、そこに査証――台湾とは正式な外交関係がないので、正確には査証ではなく「渡航証明書」――を貼りつけて、担当者がサインするのが手順。台湾の人のパスポートは、正式な外国のパスポートとして認められていない。そこで、日本人が海外でパスポートを紛失したときに現地大使館が帰国用に発給する渡航証明書と同じ考え方で、日本への渡航を許可する別途証明書を彼らのパスポートに貼りつけることになっていた。

数日経つと、今度は毎日のように、いわゆるタレコミ電話がかかってきた。通常のタレコミとは違い、非常に正確な情報を提供してくる不思議な電話だった。

「きょうの午後、何番窓口で誰それの申請があった。それを違う人物が受け取りに来るから、現場で押さえなさい」

それで現場を押さえてみたら、まさしく電話の話のとおりだったのである。

査証発給を担当していた台湾人職員四名を別室に呼び、一人ずつ取り調べた。最初は、「いや、ちょっとした書き間違いです」と四人ともシラを切っていた。それならばと、不正を働いた一番下位の職員に「仲間の某があなたの指示で不正をやったと白状した」とカマをかけると、その職員は裏切られたのかと観念して、これまでの辻褄合わせを放棄して、責任をなすりつけたといわれた某職員の不正行為について一気に喋り始めた。結局、彼ら四人は査証の不正発給で一人当たり月に百万円あまりの収入を得ていたらしい。いまからまだ十年前のことである。これほど査証の不正には誘惑が大きい。

不正発覚直後に、査証の発給システムを大幅に変えると同時に、彼ら四人を業務上横領で当局に引き渡したことはいうまでもない。

本来ならば、これで一件落着なのだが、そこで改めて気づいたのが、電話の声の主についてであった。要するに、交流協会事務所の電話は完全に盗聴されていたのである。

当時の中華民国政府の盗聴システムの恐ろしさ、徹底ぶりを証明したような事件であった（その後、新事務所に移転し、盗聴防止システムを徹底化した）。

四、平和な台湾の現状を維持せよ

中国が台湾に対し武力統一を万一行おうとした場合、日本はいったいどうするのか対応を迫られる可能性がある。

基本的には、中国を二者択一するような立場に追い込まないようにすることだ。そのためにはわれわれは何をすべきか。答えははっきりしているわけで、アメリカと共に手を携えて武力行使を防止しなければならない。そうでなければ、日米安全保障体制は崩壊してしまう。

私は、アメリカは中国による台湾の武力統一をからだを張ってでも阻止するだろうと考えている。なぜか――。

それは台湾という地域が東アジアの軍事戦略上きわめて重要という意味合いに留まらない。かつて黒人を奴隷にした過去を乗り越えてきて、アメリカが多民族国家として統一を保っていられるのは、自由・民主・人権を尊重する国であることを世界に示し続けなければならない運命にあるからに他ならない。それを妨げるあらゆる状況を許さず、軍事力を発動してでも自由・民主主義の価値を尊重していく。そういう意味でのイデオロギーがあるから、アメリカはアメリカ自身の過去を乗り越え、今日アメリカとして統一を保っているわけである。

つまり、すでに民主主義により自らを統治している台湾を見捨てるということは、アメリカにとって最も大切なイデオロギーを放棄することに等しい。そうすれば、いずれ黒人とヒスパニックが人口の過半を占めるようになるアメリカが一つの国として統一を取れなくなる恐れが出てくる。

だから、「アメリカが台湾を見捨てることはあり得ない」と私は常々中国人にいっている。そう考えないと、本当に米中は正面衝突することになる。

仮定の話として、アメリカが台湾を見捨てて、中国がそれほど大きな軍事的リスクを冒さないで台湾を武力統一できたとしよう。だが、その後の台湾はどうなるのだろうか。台湾人の大半は他国へ逃げていくだろうし、台湾内部は中国に反発する勢力のため長期間内乱状態に陥るのは必至で、台湾はおろかアジアの秩序は無茶苦茶になる。

したがって、日本は中国に対して、断固こう主張し続けなければならない。「アメリカは台湾を絶対に見捨てないし、日本は絶対にアメリカと歩調を合わせる。だから、中国は台湾の武力統一を試みるべきでない」

このことを、いろいろなルートを通じて時間をかけゆっくりと彼らに認識させ、中国が台湾海峡の平和な現状に軍事力をもって変更を迫ることのないよう歯止めをかけなければならない。

中国にしても、台湾との経済の相互依存体制をさらに深化させることにより台湾を平和的に取り込み、お互いに利益が得られればそのほうが得策ではないか。香港のように一国二制といいながら干渉を強めていく欺瞞《ぎまん》性があるから説得力がないわけで、そうでない方法もあり得るだろう。

それに長期的にはEU（欧州連合）の先例も参考になる。欧州諸国は十六世紀的な国家主権の一部をEUに預け、国境の行き来もまったく自由になってきている。あと数年もすれば、一家の成員のすべてが違う国籍を持っている家庭があちこちで出現してこよう。それと同時に、自分たちは「ヨーロッパ人」であるとのアイデンティティーが芽生えてこよう。

アジアの条件はAU（アジア連合）が成立するにはほど遠いかもしれないが、いずれわれわれ「アジア人」とのアイデンティティーが生まれてくるころには、国家の統一とは何かという根本概念にも変化が生じるのは確実である。それまで、平和に現状維持を続けていくしかないのではなかろうか。

第七章——対中ＯＤＡに物申す
（二度目の在中国大使館勤務）

★江蘇省母子保健センター開所式での非礼

九六年四月、交流協会台北事務所での任務を終えた私は、いったんベルギーのＥＵ代表部に移った後、九八年六月、北京大使館に経済担当公使として赴任した。二度目の北京での仕事である。

着任した年の十月、無償資金協力の再開第一号となる南京の「母子保健センター」の開所式に谷野作太郎中国大使、橋本逸男上海総領事に随行して参加した。

この開所式はきわめて意義深いものであると、われわれは認識していた。九五年に中国が核実験を敢行したため、それまで実施していた無償資金協力を停止。九七年三月に中国側が核実験のモラトリアム（一時中止）を発表したのを受けて、日本側は無償資金協力の再開を決め、その最初のプロジェクトがこの母子保健センターだったのだ。

通常北京で行われる署名式では日中双方ともに窓口担当者レベルでとり行われる。すなわち日本側は駐中国大使、中国側は対外経済貿易部長である。しかし、今回、日本からは池田行彦外務大臣、中国側は銭其琛副総理兼外交部長が出席してきたことから、日中双方がこのプロジェクトをいかに重視していたか理解できよう。今回の無償資金協力の金額は日本円で十七億円以上にもおよぶ大型の案件であった。

ところが、南京市郊外にある母子保健センター開所式における王栄炳江蘇省副省長の挨拶は、「江蘇省政府が七千万元の資金を提供し、このような立派なセンターを建設しました」と強調するばかりで、日本の資金協力については、まるで付け足しのような扱いだった。

次いでプロジェクト除幕式が行われたが、正面玄関のプレートには、母子保健センターの名称のみが刻まれ、日本の協力を匂わせるものは何もなかった。

その日、江蘇省対外貿易委員会、江蘇省衛生庁主催の宴会が行われた。われわれはメインテーブルに座らされたものの、王副省長は谷野大使を主賓扱いせず、もっぱら無償資金協力の中国側の受け入れ窓口である対外経済貿易部国際合作司の朱司長を主賓扱いしていた。

主催者側の非礼に不快感を覚えたのも確かであるが、何よりも総額十八億円のプロジェクトに対して、日本政府が十七億円以上も無償で資金援助していることを、挨拶においてきちんと説明されなかったことには納得がいかない。

そこで、北京に戻ってから、対外経済貿易部国際合作司に対し、母子保健センターに日本の無償資金協力を明示する碑を正面玄関に設置するなど、日本の協力がセンターを訪れる人々に明示的にわかるような措置が取られるまでは、資金の振り込みを見合わさざるを得ない旨伝えた。

その結果、四カ月後の翌九九年二月、日本から無償資金が供与された旨を明示したセンターのプレートと、縦一・五メートル、横二メートル以上の石碑が、同センター入り口脇に設置されることとなった。

石碑には、無償資金協力が供されることになった経緯と、センターの目的および役割、さらに、日本より十七億二千八百万円、中国側から一億二千万円を投じて本センターが建設されたこと、最後に、日中両国人民の世々代々の友好を祈念する旨が明記された。

★対外経済貿易部に委ねられていた優先順位

それにしても日本の扱われ方がおかしい。なぜ、センター開所式に当たり、江蘇省政府関係者は大口の資金提供者である日本政府の代表より、中国政府代表の対外経済貿易部国際合作司の顔色ばかり窺っていたのであろうか。これまでの無償資金協力供与のシステムにもどこか欠陥があるのではないだろうか。

私は本件を機に、今後も多くの経済協力案件を担当する者として、なぜ中国において供与額に見合った対中ODAのプレゼンスが低いのかとの疑問を解くためにも、中国各地のプロジェクト案件がどのような経緯を経て実施に至っているのかを徹底的に調査して、ようやく合点がいった。

中国では、地方政府が一定規模以上のプロジェクトを計画した場合、ある程度の自己資金を準備するほか、中央政府の認可が必要となる。各地方から中央政府に毎年数百件の申請があり、国家計画委員会（現在の国家発展改革委員会）が資金手当ての関係から第一次審査を行う。外国からの無償資金協力を利用することが適当と判断した場合、それを採用するかどうかの判断は、対外経済貿易部に委ねられる。

同部に集められた地方政府からの数百におよぶ申請案件から、最終的に日本政府の無償資金協力を利用すべきかどうかの判断は同部の国際合作司に任されている。

したがって、地方政府の側からすれば、プロジェクト遂行に足りない資金が中央政府の予算から手当てされるのか、外国政府の援助によるのかは第二義的な関心となる。それよりも、同部国際合作司が当該プロジェクトを他の地方から上がってくる数百件に及ぶ案件の中から選定してくれるか否かが最重要関心事となるわけである。

極端な言い方をすれば、地方政府は別にどこからカネが出ようが関係ない。足りない分を出してくれる決断をしてくれた部署、担当者に対し感謝の念が集中するのである。そのため、あのようなごますり接待をすることになるのだ。

以上のように、無償協力資金の窓口の対外経済貿易部の担当者と接触し、調査を進めてみてはじめて、このような背景が浮き彫りになり、先方もそれを認識することになった。

★「拒否権発動」中心の日本

日本は、従来からODAの基本理念として、相手国の自助努力を尊重し、先方の要請を供与の大前提とする「要請主義」に忠実であった。ほとんどの被援助国は、プロジェクトの形成から資金の手当てに至るまで日本側に頼りきり。つまり、日本の「丸抱え」になるのに比べ、中国側の自主性はむしろ模範的であり、無償資金協力であっても、たいてい四割近くの資金は中国側で負担していた。

したがって、プロジェクトの実施の末端に至るほど日本の顔が見えにくいとの問題があった。この点、同じ援助でも日本の他国への援助と一括りにできない難しさがあることを理解いただきたい。

対外経済貿易部が地方が申請してきた数百のウェイティングリストの中から自薦、他薦、上層部指導者の影響力等を勘案するなど内部でのやり取りを経て、プロジェクトを絞ってくる。基準から大きく逸脱するものもいくつかあるので、日本側はそれらを指摘して外させる。

要するに、対外経済貿易部でつけた優先順位に従って、日本として供与基準の優先度の低い案件を除外するネガティブ・チェックを中心に行ってきた。つまり、われわれは主に拒否権を発動してきた。そのシステムでは、現場において日本の援助が使われているとの実感は薄くなり、対外経済貿易部の存在感のみが際立つ危険性が大きい。

援助の受益者にとってありがたいのは、最終的にプロジェクトを選び、高い優先順位をつけてくれた対外経済貿易部となるわけである。

われわれは、プロジェクトの優先度の決定、最終的な選定の過程に関与する必要性を感じた。そのためには、まずプロジェクトを掘り起こし、中国側にあるプロジェクト・リストをあらかじめ日本側で把握し、その優先度を決定する過程で、日本政府の意向が強く反映することを、地方政府に確実に認識させる必要があった。

担当の私としては、日本が無償資金協力するプロジェクトを決定するメカニズムを変えなければならないと考えた。

今回の母子保健センターの経験を踏まえ、もっと地方政府との直接の接触を強め、地方政府が中央政府に対してどのような案件を申請しているかをできるかぎり事前に把握するよう努めた。当然、調査のための貧困地帯への出張回数も増えた。

「あなたたちの要望を出してほしい」

そうすると、対外経済貿易部のリストに従っていては優先順位が低く、二、三年は待たされそうな案件を素直に上げてきた省がいくつかあった。

そこでわれわれは、前述した従来のシステムから、年間予算で手当てできる案件の二〜二・五倍の案件を対外経済貿易部に提出させ、その中から日本政府として国民の理解を得やすい案件等優先度の高い案件を選定すべく、協議を進めた。

このあたりの駆け引き、やりとりが非常に難しかったが、それでもできるだけ地方政府から得た情報を重視し、リストの中で日本側として積極的に取り上げたいプロジェクトの優先度を上げて、お金をつけるというスタイルをとり始めた。

そうすると、こちらから何もいわなくとも、無償資金協力でつくられた建物にはきちんとした碑が立つようになり、地方政府側もわれわれの要望に沿って積極的に広報活動するようになったのである。

★北京国際空港の広告塔をめぐる攻防

九九年九月十七日、円借款約三百億円が投入された北京国際空港の竣工式に、私は谷野作太郎大使の名代として出席した。

江蘇省の母子保健センターの一件を踏まえ、今回は事前に、「中国側代表の挨拶に、空港建設にあたり円借款が使われたこと、円借款に対する感謝の意を表明すること」を円借款担当の財務部政府貸款一処に要請しておいた。

首都北京の表玄関のプロジェクトが完成したということで、呉邦国副総理、賈慶林北京市党委員会書記、劉淇北京市長、劉剣峰民航局総局長、李栄融国家発展改革委員会副主任、金立群財政部副部長など錚々たる顔ぶれが揃った。

中国側を代表して、孔棟北京首都空港国際空港拡張建設指揮部総指揮が挨拶を行った。しかし、その内容は、まったく納得のいかないものであった。

谷野大使のメッセージを簡単に紹介し、当日の日本側出席者の名前を読み上げ、続けて、「この空港プロジェクトに融資を行った金融機関に感謝したい」と述べ、中国銀行、建設銀行、国際協力銀行（ＪＢＩＣ）などの銀行名をまったく横並びで紹介したのみであった。

これでは円借款のことを理解していない出席者は、利子収入を目的とする民間融資と日本からのＯＤＡである円借款と区別がつかないではないか。まったく広報になっていない。

私はただちにその場で、同席した財政部円借款担当者に対して強く抗議した。

事前に「日本政府の援助があったこと。すなわち、民間銀行からの融資よりも有利なＯＤＡを提供する国際協力銀行（ＪＢＩＣ）からの融資があったこと」を、中国要人の挨拶の中で言及してほしい旨申し入れた。にもかかわらず、その言及ぶりは他の銀行と同じ扱いであった。中国側は、ＪＢＩＣの性格、今回の円借款の意義、内容を理解していない恐れがある。

「本日は日本の報道関係者も出席しており、このスピーチの内容が報道されれば、今後の円借款の供与が困難になる。本件プロジェクトに、ＯＤＡである円借款が供与されている旨をマスコミおよび中国国民に理解させるよう、財政部としても積極的な広報活動を行ってほしい」

このような要請にもかかわらず、財政部では埒《らち》が明かないようだった。

北京国際空港に対する円借款供与の事実が十分に広報されていないと痛感した私は、九九年の暮れ、今度は国務院の広報担当部署に乗り込んだ。ここは中国のマスコミすべてを統括する機関である。

私はこの部署の責任者に対し、この国際空港に対する円借款供与の事実を全国に広く広報して

円借款300億円が投入された北京国際空港（99年９月竣工）

もらいたいと申し入れた。これに対し、かつて上海市政府幹部を務めたというこの責任者から、北京の空港は困難だが、上海の浦東空港であれば広告塔の設置が可能であるとの感触を得た。

彼のいうとおり、間もなく上海の浦東空港国内線出発ロビーにそれほど苦労することもなく立派な広告塔が設置された。首都北京と地方の上海では中央政府幹部の発言といえどもその影響力がこれほど違うのかと驚きもした。

広告塔の設置というヒントを得た私は、ふたたび円借款の窓口である財務部政府貸款一処に出向き、広告塔設置を申し入れた。ところが、空港の管理は、北京首都機場集団公司に移っているので、管轄が違うとかわされた。

私はまた、同集団公司に上海浦東空港の例を出して説得、十一月三十日、例の竣工式でスピーチをした北京首都空港国際空港拡張建設指揮部幹部に申し入れた結果、ようやく前向きの反応を得た。だが、まだこの先があった。

「われわれは了承しているが、それには外交部の同意が前提である」

今度は外交部に出向いての説得の日々が続いた。私の粘りが通じて、ついに外交部は渋々ながら、広告板を一年間無償で設置することに同意した。

さっそく広告板の図案と説明文についての交渉に入った。

図案は、日本側が用意した新幹線、富士山、万里の長城、ODAマークなどを描いたものがすんなりと承認されたが、問題は説明文のほうであった。「援助」という言葉を使うことを外交部は拒否し、支持、協力、合作なら同意すると主張して譲らない。

業を煮やした私が、「とにかく円借款という言葉を使うように」と迫ると、彼らは異論を唱えてきた。

「空港プロジェクトはトータル七百億円で、円借款は三百億円だから、四〇％程度でしかない。だから、全部でなくて部分である」

中国側があくまでも「部分」の二文字にこだわったため、結局、「日本政府対本航站楼的建設提供部分日元貸款（この空港建物の建設に日本政府は一部分円借款を提供した）」との表示で折り合わざるを得なかった。

こうして、〇〇年四月から一年以上、無料で、二×八メートルのかなり大きな広告板（作成は日本側）が国内線のチェックインカウンター近くの壁に設置された。かなり見やすい、いい場所だった。

もともと一年後にこの広告板の扱いをどうするかを交渉する約束であったが、一年数カ月が経過したある日突然、なんの事前連絡もなく、広告板が外されていた。

その後、外交部に申し入れて、〇二年十一月二十九日の日中国交正常化三十周年に合わせ、貴賓室に、「日本政府は首都空港の建設に約三百億円の円借款を提供」と刻まれた金属板プレートを設置することになった。

★円借款に対する中国指導者の認識

このように、日本が中国に供与した円借款について、なぜこうまで中国側は目立たせないようにするのか。円借款に対するそもそもの考えに違いがあるようだ。

ある中国政府指導者の一人と日本側関係者が円借款について話し合う機会があったが、中国が対中ＯＤＡに対し高く評価するが、決して「感謝」するとはいわない本音が表れていた。これが円借款について積極的に広報を行わない本当の理由であると思う。

その中国政府指導者は、次のように語った。

「円借款供与は中国の発展に非常に役立っていると高く評価している。だが、円借款供与は、日本政府の中日友好政策の一部であって、これは単に中国に対するものだけでなく、双方にとって有利である。その理由は、円借款で行われるプロジェクトの約三分の一を日本企業が落札していること。たしかに円借款は通常の借款より利子が低く、中国にとり有利なものではあるが、償還する際の為替レートを考えれば、日本は損をしていない。さらに、中国はきちんと期日どおりに償還をしている。日本政府は日本国民にこういう事実を述べたほうがいいと思う」

つまり、彼は、円借款は一方的な援助ではなく、互恵的なものだから、双方のために引き続き発展させるべきではないかと認識しているのである。

私はこれを聞いて、中国の指導者がこうした認識を抱いていたのでは、早晩円借款は続けられなくなる恐れがあるとの危機感を持たざるを得なかった。

これは第三章でも述べたが、中国側のこのような認識は、円借款のグラント・エレメント（贈与要素）に対する基本的認識が欠けていることに他ならない。

もっといえば、三十年から四十年という長い償還期間を設定すると、当時は百円だったものは四、五十円ぐらいの価値にしかならないわけで、その目減り分は日本側が負担することになり、日本は明らかに損をして中国に提供しているわけである。

この中国政府指導者が指摘するように、当時日本企業の対中円借款事業における平均受注率はたしかに三二・一％である。しかし、この受注率は、すべての国に発注可能なアンタイド方式により国際入札が行われ、中国側の調達機関が、中国にとり最も有利なものとして日本企業を選択した結果なのだ。逆に、多くの日本企業は、日本国民の税金を使った対中円借款事業の受注率が三割程度であることに大きな不満を持っている。

また、ＯＤＡは各ＤＡＣ（ＯＥＣＤの開発援助委員会）加盟国それぞれの自国通貨建てによって被援助国に対し提供されることになっている。その際、借り入れ国側に各国通貨の相場変動に伴う為替リスク負担の問題が生じることは避けられない。対中円借款は償還期間が三十年と長期であり、一時的な為替の変動で円借款全体の負担の軽減は判断できないわけで、為替で日本が得をするという話ではない。

今後とも円借款事業に対する正当な評価を得るためには、中国側が正しい認識を持ち、経済の基本メカニズムについて正しく理解する必要があることは論を俟《ま》たない。

それよりも、円借款に対して中国側がどうしても素直になれない最大の理由は、中国側の根底に常に流れている激しい思い込みにあるのだと思う。八七年六月、訪中したわが国国会議員に対して語った鄧小平の言葉が、それを如実に表している。

「率直にいうと、日本は世界のどの国よりも中国に対する借りが一番多い国であると思う。国交回復のとき、われわれは戦争賠償の要求を出さなかった。両国の長い利益を考えて、このような政策決定を行った。東洋人の観点からいうと、情理を重んじているのであって、日本は中国を助けるために、もっと多くの貢献をすべきだと思う。この点に不満を持っている」

そうした気持ちが中国側指導者、要人の底意として存在している。面と向かってはいわないが、「中国は戦争賠償を放棄しているのだ。日本の対中援助は賠償の代わりであり、まだまだ足りない」という気持ちがある。だから、これまでの三百億ドル程度の援助でも、彼らの気持ちのうえでは全然追いついていないわけである。

そして、さらにより根本的なところでは、やはり、中国の一種の自尊心が、彼らを素直にさせないのであろう。他国からお金を借りて、国づくりを行っていることを認めたくない気持ちが強いのだと思う。だからこそ、平衡を取ろうとして、日本もまた受益者であると主張するのだろう。

★北京の怪しげなカラオケ店

ところで、対中経済協力を円滑に行うためには、こんな苦労話もある。

中曽根康弘・胡耀邦の日中蜜月時代、北京市内に対中ODAの一環として日中青年交流センターが開設された。柵で囲まれた敷地内には、日本が一般無償資金協力で建てた研修センター、劇場、プールがある。またそれとは別に中国側が全国青年連合会運営のホテルを建てている。あるとき、同交流センターと同じ敷地にカラオケ店がオープンした。そこが性的なサービスをすることで有名になっている店の支店だという話が耳に入ってきた。

日本が建設に協力した交流センターと同じ敷地内で営業する店がいかがわしい事件でも起こしたら大変だと、さっそく、私自身が調べに行くことにした。

全国青年連合会側がつくったその建物には、一切何の看板もかかっておらず、目立たない感じだった。店内を覗いて、「カラオケをやっていますか?」と聞くと、「どうぞ、二階にありますよ」

と案内されたのが小さな個室だった。

少人数用のカラオケルームにしても、狭すぎる。それに、通常は条例に基づいて、外から覗けるよう、ドアの窓ガラスはある程度の大きさにするものだが、覗き窓もひどく小さい。これは雰囲気が違う、怪しいと思った。

すぐに引き返して、「交流センターと同じ敷地にできたカラオケ店を見に行ってきたが、どうも健全な店ではないようだ。よく調べてみてほしい」と全国青年連合会に申し入れた。

しばらくすると、全青連が「いや、そんなことは一切ない。健全なカラオケ店です」と回答してきた。彼らがしらばくれているのかどうかわからなかったが、おそらくあの場所を貸してビジネスにしているのは間違いなさそうだった。だが、対中ODAで開設した交流センターと同じ敷地内で怪しげなカラオケ店が営業しているのを日本のマスコミが公にしたらどうなるか。

私は全青連に、「もし不健全なカラオケがあることが発覚すれば、対中ODAに決定的な傷がつきますよ。それでいいのですか」と再度強く申し入れた。

今度は反応が違って、

「もう一度調べてみましたが、どうも杉本公使がいわれるように、必ずしも問題がないわけではないことがわかりました。相手との契約はすぐには解約できませんでしたが、取りあえず、電気と水道を止めました」

彼らの強硬手段には思わず苦笑した。実際に再チェックに行ってみると、店は完全にクローズしており、これで事なきを得た。

★地元の人たちに大歓迎された「草の根無償資金協力」

九一年からスタートした「草の根無償資金協力」は、申請の段階から中央（対外経済貿易部）を通さずに、地方から直接要請を受けるシステムにしたことから、われわれ自身で自由に動くことができた。

地方政府からでもいい、われわれが日頃接触している研究機関でもいい、各分野で意見交換しているオピニオンリーダーのアイディアでもいい、彼らから「地元でこういうことに困っているのだが、やってもらえるだろうか」という要請があって、内容がよく、一件当たり一千万円程度までできるプロジェクトであれば、大使館が決定して実施できる。

すでに五百件以上にのぼる実績を持つ「草の根無償資金協力」は、それぞれが地元の人たちからは大歓迎され、本当に喜ばれた。

十七億円を提供した江蘇省の母子保健センターの一件では、抗議の末にようやく日本政府の碑が立てられたが、それとは大違いである。

一千万円の「草の根無償資金協力」においては、地元政府が進んで同センターに負けないぐらい立派な石碑やモニュメントを立ててくれ、その効果は絶大なものがあった。

広報の費用対効果の観点からのみいえば、受け入れ先の感謝の度合い、広報浸透度が、十億円

「草の根無償資金協力」を実施したところはどこでも大歓迎を受けた
（上は住民の歓迎パレード）

以上の大規模プロジェクトと「草の根無償資金協力」とで大差がないのであれば、後者を中国全土に拡散したほうがよいのではないか。これは実際に無償資金協力に携わって経験した者としての偽らざる実感である。

円借款についても、それまでは五年間で一定の金額をあらかじめ一括供与することをコミット(約束)する方式が続いていた。最初は三千億円程度で話がスタートして九千七百億円まで増えたが、とにかく巨額で、それは時の総理大臣が訪中時にどれだけ大きなお土産を持っていけるかといった政治的な要請もあったようだ。

だが、これも無償資金協力同様、どの案件を選択するかを中国側に任せるやり方から、三、四年分のリストをすべて提出させて、その最初の一年間に実施する最終的なプロジェクトの選定に日本政府の意向が反映するロングリスト方式に変更した。

それにより、中国側の広報のあり方に変化が見られた。円借款によるプロジェクトが遂行されている現場には必ず看板が掲げられ、「これは日本の円借款によるプロジェクトである」と記されるようになったのである。

★田舎の小学校を建て直すことの意義

「危ないので、私たちの小学校を建て直してください」

こんな立派な学校が1,000万円でできる

地方の村からそういった要請があるたびに、私はランドクルーザーに乗って、現場に出向いた。電灯もないようなところがほとんどである。なかには、校舎に天井がなく、空が見えていて、いつ崩落してもおかしくないような学校すらあった。

こうした田舎では、一千万円もかければ、コンクリート製のかなり立派な三階建て校舎を建てることができ、一千万円の価値に驚かされることがたびたびあった。

この先何十年か、われわれがつくった学校で学ぶ子供たちは延べ何十万人にもおよぶだろう。「草の根無償資金協力」が威力を発揮するのは、まさしくこうした案件なのだ。

そして、われわれは小学校建て直しの要請があったときには、「学校名の頭に、日中友好をつけるのなら、優先します」と呼びかけるようにしている。実際にわれわれの要請に応じて、学校名を○○村日中友好小学校と変えたところもかなりある。そうなると、日中友好の名前を冠に抱く小学校を卒業したとの履歴が、一生生徒たちについて回るわけで、もちろん彼らの記憶にも深く刻みつけられることは確実である。

医療施設の一部の建物も同様で、たとえば、医療センターを建て替えるとき、「日中友好とつけてください」と頼むと、素直に名称を変えてくれるところもある。その広報効果が非常に大きいことはいうまでもない。

これがすでに豊かになった都会の場合、反日感情をはじめとするさまざまな反発もあって、なかなか話が進まないが、政府の搾取に難儀している地方の農村が快く要請に応じてくれるのは、

校舎落成の歓迎式典に招かれた筆者（左）

日本が一般無償資金協力で供与した救急車。広報用にステッカーを貼ってある

日本政府の経費で中国マスコミを現地に同行して取材してもらうこともあった

われわれの励みになっている。

当然ながら、こうした草の根無償協力によるプロジェクトが完成するたび、現地に中国のマスコミを連れていき、ニュースとして報道させる努力も怠らなかった。

★「草の根無償資金協力」を通して対中発言力強化を

対中ODA不要論の一つの論拠になっているのが、中国政府が約二十年間にわたり、軍事費を毎年二桁の伸びで増やしてきたことだ。それはGDPの四〜五%にもあたり、将来の中国を担う人材を育てるための教育費と比べても突出している。

外国が両者の比較を問題にすれば、中国側はそれは優先度の問題と反発するのだろうが、教育費に対する予算付けがあまりに貧弱であることを指摘しておきたい。

それにより実際にはどういうことが起こっているのか。

中国の郊外の農村を視察してすぐに気づくのは、ほとんどの小学校で校舎の老朽化が甚《はなは》だしいことだ。チャン・イーモウ監督がつくった映画『あの子を探して』（原作『一個都不能少』）さながらの田舎の小学校で、一九五〇年代、六〇年代に建てられた、いまにも朽ちそうなオンボロ校舎の中に汚い椅子と机が置いてあり、ほかに何もなく、電気すら来ていない。

そうした学校の建て替え要請が地方政府からどんどん上がってくるようになったのは、中央（対外経済貿易部）の要請を通さずに、地方から直接要請を受けるシステム、「草の根無償資金協力」を創設したからだ。プロジェクト一件に一千万円規模と定められた草の根無償は一九九一年からスタート、現在までに五百件以上のプロジェクトを実施し、中国の貧困地域において三百校以上の学校建設を支援してきた。

中国では、一般的に地方の農村に行けば行くほど通学には不便な環境になっている。近くて通えればいいが、寄宿舎住まいを強いられる場合も多い。寄宿舎に入ると賄い費が必要で、農民の子供ではまず支払えない。教材費、寄宿費などの教育費が払えないために、義務教育を断念する子供が膨大な数にのぼっている。

中国は義務教育制度といいながら、国家の負担分は三割で、七割が地方負担になっているが、財政難により、結局、個人負担を強いられているのが現状である。前述した寄宿舎の食料費などが個人負担であるのは当然だが、実際には子供たちは義務教育の教科書代を払い、最近では、試験の紙代まで徴収されるというひどい話も増えている。

昨今は深刻化する「三農問題」(農業の低生産性、農村の荒廃、農民の貧困)を受け、中央政府は、郷鎮政府が農民から制度外費用を徴収することを禁じる政策を採り始めた(郷鎮政府は制度内費用のほかに、結婚登録税や建て増し許可費用、道路の使用費などを勝手に作り、農民からなけなしの金を徴収していた)。

その一部を小学校の教師の給料に充当していたため、中央政府から制度外費用の徴収を禁じられた途端に、人件費不足から学校閉鎖となるケースが急増した。そうした現実をふまえて、北京大使館や総領事館が「草の根無償資金協力」の対象として、学校建設や教材購入支援を行ってきたのである。

先に、日本が中国の軍事費拡大を非難し、中国がそれに耳を貸さないからといって中国に対するODAを終了するのは得策でないと述べた。中国の軍拡に対する批判を、台湾統一を国是とする中国は内政干渉としか受け取らないからだ。それよりも、「草の根無償資金協力」による小学校建設や教材購入支援などを行い、その実績をもって、中国がいかに基礎教育をないがしろにしているかを世界に訴えていくことができる。

もう一つは、環境対策という視点。周知のとおり、中国国内ではいまさまざまな公害問題が起こり、被害が出ている。たとえば、汚れた河川を浄化するために、「草の根無償資金協力」で簡易浄化装置を設置していく。

それを続けながら、「こんなに経済発展して外貨準備高もあり、世界的にプレゼンスが高まっている中国が簡易浄化設備に回す予算がないのはおかしい」と訴えれば、中国の人たちは、それを否定できないわけだし、彼らはいずれ予算取りをせざるを得なくなる。

私が主張したいのは、中国が抱えるさまざまな問題を放置しておくならば、中国人自身が将来、途方もない負担を背負うのは不可避なのだが、それを隣国として看過《かんか》せずに、援助することによって、問題提起をしていくということである。われわれが積極的に対応して問題提起をしていくことにより、中国の予算の優先度を変えさせる力を蓄える。私はそういうかたちで対中OD

A予算を使っていくべきだと思っている。

私は、これを「中国の〝国内ODA〟の誘い水」と呼んでいる。

これは私の勝手な呼称だが、「本来は中国自身が行うべき国内への援助」という意味で、当然、地方の現場サイドからは感謝される援助だ。中国の政策当局も、日本の「草の根無償資金協力」が中国の危機を未然に防いだことに気づき、日本の先見の明を認める日がくるだろう。

したがって、そういうかたちでの対中ODAの継続は絶対に必要であり、それを増やしていくことが、まずは中国の安定、ひいては日本の安定につながると信じている。


外国への資金援助とは、最低限の見返りとして、その国が将来、日本の脅威にならないため、負担にならないほどほどの友好国となるための投資である。

そうであれば、純粋に感謝されるようなかたちを取ればいいのである。しかし、対中国の場合、わが国には過去の侵略という重荷があり、純粋な感謝の念を期待するには、かつて胡耀邦がいったように、「過去」が本当に過去になるまで三世代待たなければならないのかもしれない。

われわれはいま一度、なぜ中国に対する経済援助を行うのかを考えてみる必要がある。

いま確かにいえるのは、従来型の、中国国内のインフラ整備を中心とする円借款は今後、尻すぼみにならざるを得ないということだ。

私は、一件何十億円の無償プロジェクトを止めてでも、中国が本来やるべきことで怠けている

草の根無償資金協力でつくられた建物には「日本」の文字がきちんとつけられる

分野、たとえば、初等教育、環境保全対策、医療分野の協力、貧困対策に、一件一千万円までの「草の根無償資金協力」を拡大すべきと考える。「草の根無償資金協力」を中国全土に面的に広げていくことで、初めて、中国が反論できない問題提起ができる。

本来、中国自らが成すべきことを行っていないから、日本が代わりに行っている。そう指摘しても、中国が否定できないような分野で幅広く、かつきめ細かく進めるのである。

前にも述べたように、私はこれを言葉の矛盾は承知のうえで、「中国の〝国内ODA〟の誘い水」と呼んでいる。

中国の脅威とはいったいどこからくるのか。それは外部からの脅威というより、これまで放置してきた内部矛盾の爆発からくるほうが大きいのではないか。それが「中国の〝国内ODA〟の誘い水」を通じて避けられますよ、と中国に向かって訴えるのだ。これ以上軍事費を増やすなら円借款を中止すると迫るより、よほど説得力があるのではないか。

もう一つ、環境対策はもう待ったなしで、円借款であろうと無償資金援助であろうと「草の根無償資金協力」であろうと「日本の環境問題」として実施していかなければならないのではなかろうか。酸性雨の防止、ゴミ対策など、放置しておけば、日本に大変な被害が及ぶ。中国自身も環境問題の深刻さに気づいている。

中国に対して説得力を持たない理屈でいくら攻めても、すれ違うだけで何も進まない。

★対中ODAの歴史を無にするな

中国は高度経済成長が続き、これに伴い軍事予算が急速な伸びを示している。この現実を前に、日本国内では「ODA四原則に外れる」「中国は、日本の対中ODAが対日戦争賠償放棄の代償と思い込んでおり、日本に感謝する気持ちが足りないのではないか」「今後の対中経済協力を考える場合、少なくとも円借款は廃止すべきだ」などの声が強まっている。

それは必然的な流れであるが、対中ODAとはただ日本が中国に感謝されるがためにのみ行ってきたのではなく、前述のように中国という国家に大きな質的変換をもたらすために行ってきたわけで、われわれはそのことも思い返す必要があろう。

対中ODAを始めたころから二十年近く、日本国の政権担当者、マスコミを含めての世論から、対中ODA批判が極端に強まるようなことはなかった。しかし、徐々に日本側に気持ちの余裕がなくなっていった。

九〇年代後半から活発化した対中ODA見直し論議は、いよいよ最終局面を迎えた感がある。政府首脳の口から「卒業論」が語られ、中国側からも「有終の美」などの言葉が漏れ始めた。

中国の目覚ましい経済発展が今後も持続し、外貨準備高も日本を抜き世界一ともなったいまとなっては、やがて終了する日を迎えるだろう。世界に先駆けて対中ODAを始めた日本は、いまも中国が受け取っているODA供与国の中では断然トップの地位にある。対中ODAを将来的にどう処理するかは、世界の関心事でもあるはずだ。しかし、これだけ成果を上げた対中経済協力が終焉を間近に迎えた今日、平和国家・日本の数少ない外交カードである対中ＯＤＡの四半世紀の歴史を無にするようなかたちでの終焉だけは避けるべきだ。

繰り返し述べてきたように、中国の社会が本当に必要としている資金を、豊かになった中国自身が手当てすべきだと考えるように仕向けるいわば「誘い水」となるような援助を、これまでの援助に替えて行うことも検討すべきであろう。

第八章——対中進出企業支援

（上海総領事時代）

★日本企業の開所式に出席する基準

上海総領事としての勤務は、〇一年十一月から丸三年間であった。

上海地区への日本企業の進出ラッシュが凄まじい時期で、登録ベースで年間八百社、一日二社のペースで増加していた。

開所する多くの企業から、開所式に総領事にぜひ出席してほしいとの要請が毎日のように届いた。すべてに出席するわけにはいかないので、私なりに基準を設けて、平均すると毎週二回以上、年間百二、三十回出席していた。

その基準の一つは、主催者側である日本企業の最高責任者が日本から来ているかどうか。それにより、どれだけ今回上海進出を重視しているかがわかるからだ。

もう一つ重要なのは、中国側の出席者である。いわゆるカウンターパートが出席するかどうかをチェックする。総領事は、地方政府に対する日本の代表という位置づけだから、本来のカウンターパートは、上海市ならば上海市長、浙江省、安徽省、江蘇省の省長となる。

新日石液晶有限公司の開所式（中央は新日本石油の渡文明社長）

東京海上火災上海分公司10周年記念謝恩会で乾杯の挨拶をする筆者

だが、実際に日本企業の開所式にそのクラスを呼ぶのはなかなか大変なことから、それぞれの分野での最高責任者である局長クラスが臨席するのであればこちらも出席することにしていた。

さらに私にとってのもう一つの出席か否かの基準は、挨拶の順番であった。頻繁に挨拶に立ってよくわかったのは、出席者は、来賓挨拶の三番目ぐらいまでしかまともに聞いていない。そういう経験則から、「挨拶順三番目までなら受ける」ことに決めていた。私は自分の挨拶の中に必ず日本側が訴えるべきメッセージを簡潔に織り込み、中国側に喚起を促すことを目指していたので、帰られては困るのである。

出席者の顔ぶれによるが、中国人が半分以上集まる場合は、中国語で挨拶した。やはり総領事の私が中国語で始めると、一瞬会場が静まる。どういった内容なのか興味を示すと同時に、総領事は中国語をきちんと喋れるのだろうかという関心を持つのだろう。

★大使館に持ち込まれるさまざまな苦情

ここで九八年六月に時間を戻そう。経済担当公使として北京大使館に赴任した私のところには、毎日のように中国に進出した日本企業から苦情が持ち込まれてきた。

一般的な先進国であれば当事者同士が解決すべき問題が、体制が異なる中国においては、民間企業ではどうにもならない、いわゆる「チャイナリスク」に直面するわけである。

さまざまなトラブルのパターンがあったが、典型的なものに、訴訟を起こして裁判で勝訴したにもかかわらず、中国側企業が判決を履行しないケースだ。

たとえば、重慶市で日本のリース企業に対する支払いを踏み倒したまま、国有企業が倒産した。裁判所は、「国有企業は地方政府の中の一政府部門だから連帯責任が発生する」として重慶市に支払いを命じたのだが、相手側は「担当者が消えた」と逃げ回っている。このようなケースには、われわれ政府機関が積極的に動かなければ埒《らち》が明かない。

ひどいケースでは、トラブルがあって民事裁判に訴えても、裁判所から門前払いを食らうことである。

周知のとおり、中国では建前上は三権分立となっているが、実際には三権の背後には必ず「共産党の指導」が存在する。

事件の舞台は河北省保定市。同市の経済開発区のインフラ整備プロジェクトに投資した見返りが何も得られず、それればかりか、建機などのリース料不払いの被害に遭い、裁判所に訴えたが、門前払いされたという日本企業から相談があった。

事情を聞いて、保定市政府の外事弁公室に照会すると、北京の日本大使館に保定市の副市長、当該経済開発区担当部局の責任者、それからなんと検察と裁判所の人間が揃って説明にやってきた。

「われわれの力で解決しますから、ご安心ください」

口を揃えてそういうのだが、抽象的な内容に終始するだけで、彼らが身内を守ろうとしているのがありありと伝わってきた。

そこで私は、保定市の上級機関である河北省外事弁公室に連絡を取り、省のほうから保定市側に働きかけさせた。他方、共産党内の党中央規律委員会に籍をおく知人を通じて、事態の打開を図ってみた。しかし、保定市側はかたくなになるばかりで、結局、うまくいかなかった。

このように、中国では、地方政府の関連部門が結束してしまうと、上部組織の省レベル、国レベルの上級機関ですらコントロールできないことがある。こうした例は、後に上海総領事になってからも何度か経験した。

日本企業のトラブル相手が単なる民営企業でなく、国有企業の董事長《とうじちょう》クラスが絡んでいる場合は厄介だ。彼らは現職を勤め上げた後に共産党に戻り、再度行政府の部局長になるケースが多い。要するに、国有企業のトップクラスと企業を指導する立場にある党、行政当局の部局長人事が一体となって動いている現状では、そこを相手にすること、すなわちその地方の権力中枢を相手にしているようなものであるからだ。こうなると、上級機関が指導しても、なかなかいうとおりには動かない。

他方、基本的には中国に司法制度がある以上、それに基づいた解決に期待するしかない。司法に介入することはもちろんできない。

しかしながら大使館として、日本企業が巻き込まれたトラブルが自助努力の領域を上回っていると判断した場合には、「口上書」という公式文書を省政府、あるいは市、県政府の対外窓口になっている外事弁公室に届けることにより、中国の司法、行政に干渉しないかたちで企業トラブル支援を行っている。「日本企業からこういう訴えがあり、当該案件について、公平公正な解決が図られるよう、貴政府に期待する。日本政府として、重大な関心を持ちながら経緯を注視する所存である」といった内容だ。これにより、トラブルが中国側の一方的利益に基づいて、恣意《しい》的に解決されてしまうことを防止する。

まったくゼロ回答という場合もあるものの、有効な解決が図られたケースもある。前述の重慶市のケースでは、北京の日本大使館員が何度も現地に出向いて交渉を行ったり、大使が市長に手紙を書いたりした結果、本来払うべき未回収のリース料の六割が最終的に戻ってきた。

頻発するのは、経済開発区をめぐってのトラブルだ。

経済開発区は、行政府の正式認可を受けて行っている国家級から始まり、省、県市政府、さらに郷鎮レベルまでさまざまだ。上の認可がないのに下部の行政単位が勝手に経済開発区を名乗って、外国企業を誘致することがあり、トラブル発生の元凶となっている。

上海に話を戻すと、上海市松江区、宝山区が経済開発区をつくって日本企業を誘致した。一年かけて工場を建設していざ操業という段階になって、日本企業が移転を迫られた。理由は、開発区の拡大計画の、新たな道路計画に日本企業の敷地が引っ掛かるからだという。

じつはこうした移転に関する国内法が存在し、移転料についての基準が定められている。だが、補償額の差が大きすぎ、設備投資が無駄になり、大損害を被るわけだが、相手の区政府はお構いなし。

結局、総領事館が、区および市の関連部局に、「こんなことをやっていたら、日本企業は二度とこの開発区には来ませんよ」と強力に働きかけて、移転の中止にこぎつけた。

もう一つ、ときどき発生するのが、労務管理や売掛金回収のトラブルで、日本人が監禁されるケース。突然、電話がかかってきて、「助けてください」と訴えられるのだ。すぐに現地の公安当局に事情を説明し、とにかく邦人保護担当官に現場に行ってもらい、日本人の身柄の安全確保を図ることはいうまでもない。

★長江デルタ地域が発展する理由

私が総領事を務めた上海を核とする長江デルタ地域への日本企業の投資額は、対中投資全体の六割以上を占め、際立った存在感を示している。したがって、中国進出日本企業数に関しても、長江デルタ地域に四五％が集中し、ライバルである渤海地域、華南地域を大きく引き離している。

なぜこうも多くの日本企業が長江デルタ地域に吸い寄せられるのか。

その最大の理由は、グローバル化が進行するなか、中国がさまざまな優遇策を出していることに加え、日本企業が長江デルタ地域において、最適地生産、最適地購買システムの追求をしてきた結果が現在の好循環をもたらしていることである。

早い話、一つの製品をつくる際、在庫リスクなしで、さまざまな部材をそれこそ一時間以内で調達できるのが長江デルタ地域最大の魅力となっているのだ。また、同地域は〇〇年以降、市場としても急成長を遂げたため、生産コスト最小立地型と市場立地型の両形態の投資が同時に集中することになった。

生産基地としての長江デルタの魅力は、単純労働力のコストが相変わらず安いことで、平均して日本やドイツの二十六分の一から三十分の一という現実が厳然としてある。しかも、繊細な手作業、検品作業などの分野において、機械化に置き換えられない資質（視力が二・〇から三・〇）を持つ勤勉な労働者が容易に調達できる。

最近、同地域の労働力が必ずしも安くなくなってきたといわれるのは、需要と供給のミスマッチによるものだ。研究開発レベルの高級人材はかつてほど容易に集まらず、非常にコストが上がってきているが、単純労働力に関しては、依然として無尽蔵に調達可能である。

工場の建設コストの安さと工事の速さも大きなメリットとして浮上してくる。

私自身、各地で聞き取り調査を行ったところ、工場の建設コストは日本の約三分の一であり、建設期間も日本の二分の一から三分の一ですむようだ。二十四時間の突貫工事に加え、中国特有のフレキシブルな工場建設手法がそれを可能にしている。このため、初期投資額を節約でき、しかも早く回収することができる。

減価償却コストの節約も大きなメリットとして挙げられる。

労働基準法その他の規定の適用が柔軟で、二交替制、三交替制の二十四時間フル就業が可能であることから、高額な製造機械を導入すればするほど、時間当たりの減価償却費がきわめて安くすむ。したがって、労働集約的な生産のみならず、ほぼ全自動の、生産コストに占める人件費の比率が小さい工場も進出してくるようになった。

以上のような経緯から、長江デルタは、上海は国有企業、江蘇省は郷鎮企業、浙江省は民営企業中心という差はあるが、繊維、アパレルから鉄鋼、化学、自動車、機械、家電、電気通信、食品に至るまでのフルセット型の産業構造を持つようになり、日本企業も全業種がバランスしたかたちで進出してくるようになった。

長江デルタ地域の交通インフラは急速に整備されており、上海からの一時間圏内の面積は半径百キロ、二時間圏内は半径二百キロへと急速に拡大している。さらに、杭州湾に世界最長の海上大橋、中国第三の島である崇明島の交通インフラ、上海沖合いの島に三十五キロ級の橋をかけ、そこにコンテナ基地（洋山港）を建設する計画が現在進行中である。また、浦東空港には四千メートル級の滑走路を四本に増設する計画がある。それに加え高速道路のネットワークの充実がある。上海から蘇州、その先の安徽省、浙江省の開発区がそれぞれのネットワークで結びついている。

現在、これらの交通インフラ、流通システムが整いつつあり、流通コストが急激に下がりつつある。それに加え、土地代や「二免三減」（黒字転換後二年間の税金免除、その後三年間の税金半額）に代表される税金面における優遇措置など、投資環境の面で、中国国内の競争相手を凌駕しているといえる。

翻って考えてみると、これほど多くの業種、企業が長江デルタ地域に集積すると、集積によるビジネスチャンスの増大、ビジネス関連情報の集中が起こるわけで、その中に入っていなければ、加速化するビジネスサイクルに乗れず、結果的に競争に負けてしまう。

したがって、このような切迫した状況が、多くの投資家の決断を促しているといえる。

なかでも、上海は抜群の販売情報発信能力を有している。

「上海を制するものが中国市場を制する」といわれるほど、歴史的に中国における上海のショーウインドーとしての役割は大きく、上海製がブランドとして中国全土で定着している。アパレルなどのファッション性の強い業界ではとくに「上海製」にこだわり、最近では、外国製品の情報発信基地としての役割も高まるばかりである。それがゆえに世界の高級人材を引き寄せる魅力があり、実際、世界の多国籍企業の地域統括本部が上海に集中している。

★年々変化する「チャイナリスク」

改革・開放政策の導入により、一九八〇年代半ばに始まった初期の対中投資ブームの時代においては、これまで投資を受け入れたことがないという未経験ゆえに、受け入れ側の中国の体制がまったく整備されていなかった。

そのため、投資先の道路、電気、水道といった工場誘致に不可欠な基本的なインフラがほとんど使い物にならなかった。投資受け入れに伴う法的整備もなされておらず、場当たり的に新たな規則が制定されたり、それがすぐに撤回されたりするので、制度面での不安定さにより突然予見不可能な事態に陥るといったことがしばしば発生した。

また、現地の技術レベルも低く、材料や部品調達も困難で、基本的な部材も本国から輸入せざるを得ず、思わぬ出費を迫られることも再三あった。

八〇年代、よく日本企業の経営者から、工場誘致のときに格安の条件だった電気・水道料金を、ある日突然に値上げすると通告され、しかも、操業開始時まで遡って徴収され、利益をごっそり持っていかれたというようなトラブルを聞かされた。

税制も不透明で、突然道路整備費や電線整備など恣意的な名目でさまざまな費用徴収が突然行われるいわゆる乱収費問題も頻繁に発生し、地方によっては九〇年代後半まで続いた。

陝西省の郊外に進出した日本企業が郷鎮政府から突然、売上の数%もの「養道費」の支払いを迫られ、大使館に相談をもちかけてきたことがあった。養道費とは地元道路の維持管理費のことで、潤っている日本企業をターゲットにした、まったくの言い掛かりとしかいいようがないものであった。
この件については、そのとき陝西省の副省長がたまたま無償資金協力のプロジェクトの陳情に来ていて、この問題を持ち出すと一発で解決した。

以下、若干専門的になるが、今後出てくるリスクについて、いくつか警鐘をかねて列挙してみよう。

先般、日中間で初めて二国間事前確認（ＡＰＡ：Advance Pricing Agreement）が締結された。ＡＰＡとは一定期間内での関連企業間取引の価格決定の妥当性について、日中両国の税務当局から認証を受ける制度である。

ＡＰＡが認可されると、両国の税務当局から移転価格調査を受けることがなくなり、そのリスクが回避される。たとえば、〇五年一～四月、中国国内の国営企業および私営企業の利益が増加しているのに反し、その期間の外資系企業の利益が前年同期比三・五％減の千七十五億元となった。中国国税当局は、外資系企業が関連企業間取引を通じ、中国での利益を海外に移転して課税所得を減額しているとの疑念を持った。

他方、〇五年に日本で京セラ、ソニー、ＴＤＫが、移転価格税による追徴課税を受けている。移転価格税の課税対象は、有形資産のみならず、役務提供やロイヤリティーなどの無形資産の取引も対象になる。今後、中国側の調査が厳しくなる可能性は大きいといえる。

また、前述した上海市松江区、宝山区の例に見られるように、都市計画の変更も要注意である。中国の都市化の拡大は急速で、十年前に田んぼの真ん中にあった工場が、市街化調整区域に指定され、移転を迫られるケースが少なくない。

二免三減などの税制面における優遇措置がいつの時点でなくなるのか。どういうかたちでなくなっていくか、その速さの問題もある。

それから、税関がノルマを達成できないときによく使ってくるのが、関税コードの適用変更だ。それまでは定義が曖昧で、現地日本企業が部品として輸入し続けていたものを、ある日突然、完成品とみなして関税を引き上げてくるのだ。しかも、何年かに遡って支払うよう命じられ、いきなり億単位の支払いが生じる。企業側があまりの高額に支払い不可能と申し出ると、最終的には、それよりは安い罰金で処理されることが多い。

こうした関税コードの変更は、すべての外資企業が公平に適用されるわけではない。ある特定企業が何かの拍子に狙われるケースがほとんどで、不透明きわまりない。

知的財産権保護の問題に関しては、現在のところ、特許権、著作権侵害のケースより、商標権、意匠権の侵害のケースが多いようだ。商標権申告については、日本名だけではなく、ローマ字標記、日本語発音の漢字当て字の商標も対象に含め、考え得るかぎりの想定をして、登録しておかねばならない。

たとえば、ヤマハの場合、日本語発音の漢字当て字の「雅馬哈」を中国企業に先に登録されてしまった。英語表記の「ＹＡＭＡＨＡ」は登録済みで事なきを得たが、中国国内で漢字の「雅馬哈」を使えないという問題に直面している。

売掛金の回収は古くて新しい問題で、やはりこれは個別の相手を見て、対処せざるを得ない。大使館で行ったアンケート結果によると、売掛金回収の問題のほうが知的財産権問題より深刻であった。

なかでも中間財下請け業者の大手組み立て業者に対する債権回収問題、要は下請けいじめがとりわけ深刻であった。売り手の立場に応じ、現金決済が最も安全であるのは当然だが、契約書に、債務が返済されるまでは掛売りした商品の所有権を移転しないことを明記した条項を書き込むなどの対策により回避する方法もある。

★さまざまなローカルルール

中国に進出する日本企業のどこもが苦労するのが、進出先の役人との関係である。スムーズな企業運営を可能にするためには、彼らとの日頃からのつきあいがモノをいうそうだ。

江蘇省に二十年以上前に進出して成功しているアパレル関係の日本人経営者がいる。その会社で日本人は彼一人なのだが、彼は「私は全然苦労していません」と笑顔を絶やさない。郷に入れば郷に従えで、さまざまなかたちでかかってくる税金をきちんと支払ってはいるが、他の日本企業が納める額と比べて格段に安くてすむという。

そのためには、新人時代からつきあいが続く税関幹部には、春節、清明節、国慶節などには必ず祝儀袋を渡したり、食事会に招待する。彼らの仲間が地方から出張してくるときに食事や宴会の面倒をみるなどして、彼らの面子を立てることに留意する。ときには、親戚の誕生会を開いてもらいたいといった個人的な要請もあるが、嫌がらずに、こまめに対応していくことが大切だと彼は述べている。

警察にも顔が利く彼はこんな経験をしている。

少し前に彼の工場内で大金が盗まれる事件が起きた。どう考えても内部の犯行と思われたので、これも二十年来のつきあいのある警察署の副署長に頼み、徹底的に捜査を行った結果、自社の警備員が犯人とわかった。

いくらかは使い込まれていたが、数百万円が手元に戻ってきた。安堵《あんど》する彼に、警察署側は礼金としてなんと被害額の半額を要求してきた。地方の警察ではそれが常識的な線、つまり、ローカルルールなのだそうだ。

そこは彼のこと、副署長と交渉して大幅減額を飲ませたというが、通常であれば、ローカルルールに従わざるを得ない。

ただし、これには後日談がある。その後、警察署の電話料金の請求書のほとんどが彼の会社に回ってくることになったという。

★上海商工会の認可問題

上海総領事時代、進出日本企業の商工会の認可問題に奔走した。

中国には、民間団体に対して、それぞれのカテゴリー別に一つしか承認しないと規定する「社会団体登記管理条例」が存在する。たとえば、海外への留学生の団体として登録されているのは、全国で「欧美同学会」（美は米国をあらわす）のみで、日本留学組の留日同学会は非合法団体の扱いであった。

同様に、日本人の商工会に関しても、中国に一つしか認められず、北京の日本人商工会だけが公認団体で、他の都市の日本人商工会は非公認団体とされていた。

上海の日本人商工会の設立は一九八二年。非公認団体ではあるものの、きちんとした事務局を持ち、専従の日本人を雇用して、定期的に総会、部会を開催したり、商工会会報を発行したりしてきた。

日本企業の中国進出が拡大するにつれ、中国全土に日本人商工会が誕生したが、全国大会は必ず北京で開催されていた。ところが、九六年、経済発展著しい上海でも全国大会を開催しようという声が強まり、準備が進められた。

そこに上海の公安から、「非公認団体の会合を控えるように」との指示があった。

公安の横槍に困惑した上海商工会事務局であったが、「上海総領事館内で開催するのであれば

上海商工会の認可問題で陳良宇・上海市長（右、当時）と会見する筆者

問題ない」という判断で、全国大会を強行開催した。

これにつむじを曲げた公安が嫌がらせを始めた。上海商工会の専従職員だった日本人のビザ延長ができなくなり、帰国せざるを得なくなったのをはじめ、商工会会報の発行禁止、商工会名での活動制限などの措置を取ってきた。

止むを得ず、上海商工会の会長が所属する会社に事務局の仕事を代行してもらった。商工会の会費や上海日本人学校の増築に伴う寄付金の振り込み先を、商工会の会長の個人名義の口座に変更するなどして苦肉の策で凌いだ。

しかし、どう考えても、一国一商工会しか公認しない法律制度自体がおかしいという声が中国全土の日本人社会から高まってきた。

北京では、日本大使館から当局に働きかけ、条例修正のための改正案を全人代に提出するところまで行ったのだが、たまたま北京で法輪功の事件が起きてしまい、民間団体の活動に対する規制が逆に強化されてしまった。

私自身、事あるごとに上海の有力者に対して、商工会の正式認可の必要性を訴え続け、各国総領事と上海市長が会見する機会に直接問題提起を行った。それが奏功し、〇四年の三月、日本の商工会だけが例外的に、上海市の条例に基づく団体として認可されることとなった。したがって、上海にあるアメリカやEUの商工会は、現在も非公認団体のままということになる。

ともかく例外的措置とはいえ、上海における日本人商工会が市政府に正式認可されたことは、上海総領事時代の日本企業支援での大きな成果の一つであった。

第九章——深刻な水不足問題

★世界でも有数の「貧水国」

本書の冒頭で、一九七四年、初めて訪れた昼間の北京の印象を「真っ黄色」と記した。緑が乏しく、地面に草が生えていないために、地表は自転車や自動車が走ると砂埃がわんわんと舞い上がる黄色の大地を眺めて、「ここは日本と違って水がない国なのだな」と直感した。

しかし、現実はそれ以上に深刻であった。

それから九年後の八三年、一等書記官として北京大使館に赴任したときも、それなりに北京周辺を視察したとはいえ、行動範囲は限られていた。

さらにそれから十五年後、九八年から二度目の北京勤務の私は、経済協力業務も担当し、とくに貧しい地帯から要請が上がってくる「草の根無償資金協力」のプロジェクト発掘に時間を割いていた。その過程で北京に比較的近い河北省や山西省を走り回ってみて、この国がひどい水不足に陥っている現実を目の当たりにした。

たとえば、北京から五、六十キロも離れていない河北省の寂れた県に小学校の建設を要請されたので行ってみると、途中の道の脇にある本来川であるところにほとんど水が流れていない。周辺の年間降水量から判断しても、これではせいぜいトウモロコシぐらいしか植えられない。

山西省大同市近くで植林活動を行っているNGO「緑の地球ネットワーク」から、彼らが活動している近くの学校が地震で倒壊したので直してほしいとの要請を受けた。さっそく見に行くと、そこにもまったく水がなかった。一本の木も生えていない砂漠のような山間に、その村はひっそりと佇んでいた。

もっとも衝撃的だったのは、これも河北省で、「草の根無償資金協力」の要請を受けて調査に出かけた山奥の村。ランドクルーザーでやっとたどり着いた村の地面は土がなくて岩だった。岩の上に多少雑木、灌木《かんぼく》が生えていた。

現地の人々の要望は、「ここでは夏にしか雨が降らないため、岩をくり抜いて雨を溜める水瓶を造って生き延びてきた。ところが、近年は、それでも足らなくなってきたので、岩山にもっと大きな穴を掘ってもらいたい。爆薬を使用するか、あるいは掘削機で岩山に穴を開けるにはけっこう経費がかかるので、それをお願いしたい」というものであった。

ここも北京から百キロ足らずの場所だが、食料生産用の水が足らないのではなく、飲み水さえままならない状態なのである。このような村の現金収入はほとんど若者の出稼ぎ労働に頼っている。村に残っているのはお年寄りばかりであった。

岩に溜まった水を汲み上げる住民たち

中国が絶対的な水不足であることは、統計的な数字で証明されている。

まず、中国の年間平均降水量六百六十ミリは、日本の四割程度に過ぎない。

中国の使用可能な水資源保有量は二兆八千億立方メートルで世界第四位なのだが、人口一人当たりの水資源量は二千三百立方メートル、世界の一人当たり平均量の四分の一しかなく、世界の「貧水国」の一つに数えられている。問題なのは、実際に使用されている量が五千五百億立方メートルと、保有量の二〇%以下に過ぎないことである。極端に歩留まりが悪いのだ。

現行の国際基準によると、一人当たり二千立方メートルの占有量が水不足の基準であり、一千立方メートルを割れば生存のための基本的需要を下回るとされている。

ところが、中国では十六の省・自治区・直轄市の一人当たり水資源保有量が二千立方メートルを下回り、そのうち六つの省・自治区（寧夏、河北、山東、河南、山西、江蘇）が五百立方メートルを下回っている。

二〇三〇年~五〇年には中国の人口は十六億人に達すると予想されている。仮に水資源保有量が増えないとすると、一人当たりの平均保有量が現在の四分の三の千七百五十五立方メートルに減少し、水不足がさらに厳しくなるのは確実といわれる。

限られた水資源の国内における分布も不均衡で、降水の五分の四は南部に、耕地の三分の二は北部にあるため、北部の耕地単位当たりの水量は南部の八分の一以下しかない。北部地区は中国の国土面積の六〇%を占めているが、水資源は全国の水資源賦存量の二〇%にもおよばないという非常に深刻な旱魃地域である。

また、降雨量が夏と秋に多く、冬と春は少ないという季節的な偏在がある。大多数の地方で、夏の四カ月の降雨量が年間降雨量の約七〇％を占めている（南方では六〇％、北方では八〇％）。このため、貴重な水資源の約三分の二が洪水として流失してしまい、効果的な利用を妨げている。

前出の河北省の山奥の村にしても、岩山のために夏の豪雨を貯めようがないし、華北地域に広がる黄土高原の場合、極端に樹木が少ないために著しく保水能力に乏しい。

★河床の上昇が続く黄河の危うさ

そして近年、世界の憂慮を集めているのが、黄河の断流問題であり、深刻な状況にある。

黄河の断流現象が最初に発生したのは七二年。その主な原因は、上流に建設された三千百余りのダムからの過剰取水である。ダムで水を止め、水を乱用し、無駄に蒸発させてしまうため、自然な貫流システムが働かないのだ。

かつては数年に一回の割合で起きた断流現象が、八五年から毎年発生するようになった。九五年には百二十二日間、九六年には百三十六日間、九七年には二月七日から何と二百二十六日間にわたって発生し、断流の範囲は河口から河南省鄭州までの一千キロに及んだ。さらに同年、黄河の水が一日中海に流れ込んだのはわずか五日間に過ぎなかった。

しかしながら、黄河断流についてはその後上流のダムの放流を調節することにより、九八年には百四十二日、九九年にはわずか四十数日となった。〇〇年以降は、各ダムの貯水量と各地への配分計画が作成されることになり、断流現象自体は起こっていない。だが、黄河流域の水需給が根本的に改善されたわけではない。

黄河は揚子江に比べ、もともと水量が十分の一しかなく、五〇年代には年間推計流水量は八百三十億立方メートルであったのが、九〇年代には五百八十億立方メートルに、現在では四百七十億立方メートルに減少している。

歴史的記述によると、黄河の中上流には豊かな森林と草原が存在していた。ところが唐代以降森林破壊が続き、現在では黄河の中上流の青海、甘粛、寧夏、山西各省・自治区の森林被覆面積はそれぞれ、〇・四%、四・三%、一・五%、八・一%にしかすぎない。

このように、ほとんど森林のない土地に大河が流れているため、流域面積の半分の土地で水土流出が起こっている。毎年約十六億トンの土砂が黄河によって下流に押し流されており、この土砂を幅、高さ一メートルに積み上げれば、地球を二十七周する計算になる。

ちなみに、利根川で戦後五十年にわたって浚渫された土砂が一億トン、長江でこの十五年間に浚渫された量が三億トンであることを比べても、毎年約十六億トンという黄河の流出土砂の膨大さが想像されよう。

このような土砂が黄河の水により渤海湾に運ばれ、黄海の大陸棚を形成してきた。水量の減

中国は黄河の水を過剰取水した緑化計画を進めているが、これにより黄河の断流現象が起きている

少、断流現象により、土砂が中下流に堆積し、河床が最も高い新郷市で二十メートル近く高くなっている。河南省の開封では十三メートル、済南市付近では五メートルの天上川となっており、毎年五～十センチメートルの速度で河床の上昇が続いている。このような現状から、黄河がいったん決壊すれば大惨事になることは避けがたいと思われる。

そこで毎年、黄河流域の堤防を高く盛ってきたのだが、九八年の大洪水の際、水位が上がったことによる圧力と、堤防の下をもぐって水が噴き出すパイピング現象により、一部が決壊してしまった。

それを受けて、日本が特別円借款で、鉄板を土砂深く打ち込むパイピング防止計画を示したが、経費面や負荷の影響が読めないことから一地域に限られた。こうして黄河は潜在的な問題

日本の特別円借款による黄河のパイピング防止のために鉄板を堤防に打ち込む試験的プロジェクト

を抱えたまま、今年も雨季の夏を迎えようとしている。

★地下水の過剰取水による地盤沈下

中国農業大学の報告によると、中国の穀物の約四〇％を生産している華北平原のほぼ全域でこの五年間、地下水位が年平均一・五メートル（〇三年十月にレスター・ブラウンが発表したところによると三メートル）も低下している。

また、沿海部の大都市では、地下水の乱開発で地盤が沈下し、海水が進入しているところも出ている。北京市でも地盤沈下が起こり始めており、最も激しいところで〇・六メートル、天津市では二・六メートルにも達している。

〇四年四月二十日、全青連が開催した「水フォーラム」で、北京の水利局から衝撃的な数字が数多く発表された。

九九年から〇三年まで、北京は五年連続の干魃《かんばつ》で、年間の平均降水量は四百二十八ミリと暦年平均の七二％でしかない。このため、北京の水瓶である官庁ダム、密雲ダムも水位が下がり続けているという。

これらのダムから北京市に流れる水量を五〇年代と比較すると、官庁ダムからは十一分の一、密雲ダムからは六分の一に減少している。このため〇〇年に北京市全市に供給された水供給量の三分の二以上は地下水に頼っていると報告された。

このフォーラムでは最近の地盤沈下の具体的な数字は示されなかったが、八〇年と〇〇年との比較で地下水が累計五十六億立方メートル消失し、一千平方メートルが地盤沈下していることが明らかにされた。さらに、遼寧省、山東省および河北省の沿岸都市では地下水の過剰取水のため、地下水含水層での海水進入が起こっており、その面積が一千五百平方キロメートルに達していると報告されている。

農村部での地下水位の低下はより深刻だ。山西省大同市近くで植林活動を行っているNGO「緑の地球ネットワーク」によれば、ここ数年来地下水位が七十メートル近く低下し、黄土高原の高地に位置する農村では井戸水が枯渇し、バケツ一杯の水を確保するため大人が一日がかりで麓の村に買い出しに行かざるを得ない状態で、村自体を放棄せざるを得なくなっているほど深刻な状況が発生しているという。

地元紙では「主要地域では、地下水位が毎年二〜三メートルも低下しており、〇八年には完全に枯渇する」と警告しており、「水難民の発生」を予告している。

中国では穀物生産量の七〇％以上を灌漑用地で生産しており、現在灌漑に必要な水は四千億トンといわれる。人口がピークに達すると見込まれる二〇三〇年頃には、必要量が六千六百五十億トンになると予想されるが、現実問題として、そこまで対応できるのだろうか。

人口増加に伴う増加のみならず、生活が豊かになることによる水需要の増加にも拍車がかかるはずだ。現在はアワ、ヒエ、トウモロコシなどの雑穀で満足している人々の生活が豊かになれば、米食を望み、豚肉や鶏肉、牛肉の消費が増えてくるに違いない。

じつはこれは大変な問題になってくる可能性を秘めていることを指摘しておきたい。豚肉を一キロ生産するには四キロの、一キロの鶏肉には二キロの穀物が必要である。「穀物が必要」であることは「水が必要」であることを意味するが、そこまでの予測は誰も行っていない。

★繰り広げられる「水」の争奪戦

現在、中国国内六百六十八都市のうちすでに四百都市以上が水不足に悩まされていると伝えられる。いくら共産党独裁政権といえども、豊かになった人民の「金を払うから風呂・シャワーや水洗トイレを使いたい」という要求は拒否できない。

絶対量が不足している以上、足りない分は農業から転用するしかないのだろう。たとえば、北京の水瓶である密雲ダム周辺の農民は、同ダムからの取水を制限され、地下水に頼って農業を行っているが、その水位も毎年低下し、非常な困難に直面している。

工業用水と農業用水の需要の争いでは、生産性の圧倒的な違いから、農業部門に勝ち目はないのだ。一千トンの水で一トンの小麦を生産しても、穀物市況にもよるがせいぜい千四百元にもならないが、同じ水の量を工業で使えば七十倍近くの生産性が上げられる。

単に経済面のみならず、政治面から見ても、農業部門に勝ち目はない。中国では毎年約九百万

～一千万人近くの新規労働人口に職を与えなければならず、工業部門で水を使ったほうがはるかに多くの雇用を創出できるのである。経済的にも政治的にも農業部門は工業部門に敵わないわけだ。

北京市の場合は、首都であり中国の顔でもあるので、足りない分を山西省のなけなしの水を奪い取って生き延びている。一方の山西省は、より貧しいにもかかわらず、豊かな北京市から搾取されている状況にある。後述するように、ここでも貧富の格差はますます広がっている。

上流と下流の水の取り合いにおいては、当然、下流のほうの不満が大きい。

中国には「母なる河」の言葉が象徴するように、大河が多く、歴史的には何度洪水が発生しても、断流現象は起こらなかった。そのためか、近年まで水の利用権は、各地域に所属するとの認識の下で、省の水利庁から末端の水管理単位まで、水のコストや実際の需要に配慮することなく、上級機関から許可される水量を最大限取水してきた。

その結果、上流での取り放題により、下流での断流を引き起こしてしまった。

黄河は青海省から流れ出し、九省・自治区を通過して海に注ぐ。流域には現在一億五千万人以上の人間が住んでいる。上流の省は農業用水のみならず、工業用や生活用水のため数百におよぶ取水計画を有している。しかし、黄河の三門峡ダムをはじめ八つの中大型水力発電所は、水不足のため能力の三分の一しか稼働していない。

このように、中上流で水不足が起こっているにもかかわらず、さらに多くの新規取水プロジェクトが計画されている。そのうえ沿岸部との所得格差是正のため内陸部の西部大開発を国是としなければならない事情が事態をより悪化させている。

〇二年一月になり、ようやく「水法」が改正された。これまでの水資源管理体制の細分化により非効率性が改められ、水資源の統合管理の方針が明確にされたわけだが、今後、上流と下流地域との間での水利権をめぐる争いが熾烈をきわめることは不可避であろう。

★南水北調と三峡ダムの行方

現在、北京市の一人当たりの占有水資源は三百立方メートルに過ぎず、全中国の平均の八分の一、世界の平均の三十二分の一でしかない。この首都の水不足を根本的に解決するための方策が「南水北調」計画である。

九九年六月、行政改革で各部の機構が削減されるなか、水利部に南水北調司が新設された。南水北調のアイディア自体は、「揚子江と黄河の源流を結ぶ西ルート」「揚子江の支流漢江と北京・天津とを結ぶ中央ルート」「江蘇省と天津を結ぶ東ルート」の三案が中華人民共和国建国以来、連綿と温められてはいた。

この計画は、日本との関係でみると第四次円借款前三年の要請案件にも上げられたが、その後中国側から取り下げられた経緯がある。しかし、水不足が深刻になり、南水北調計画が第十次五カ年計画でようやく正式に取り上げられる運びとなった。

この計画は壮大なもので、最も現実性が高い中央ルートでも兆円単位の資金が必要である。また黄河を含む二百以上の河川を跨《また》ぐか潜《くぐ》るかする必要があるほか、漢江から北京まで落差がわずか百メートルしかないという技術的困難さも指摘されている。

このため、中国内部でも、これほど膨大な資金を投入し、かつその後も膨大な保守経費がかかるプロジェクトに投資するより、水資源の効率的使用を目的とするその他のプロジェクトや穀物輸入に資金を投入したほうが経済的に合理的であるとの意見も出されている。

すなわち一トンの穀物を生産するのに一千トンの水が必要なら、年間二千万トンの穀物を輸入すれば、約二百億トンの水が節約できる。その分、農業より生産性の高い工業用に回せるというわけである。

一方、南水北調の源泉となる揚子江の水自体の汚染がきわめてひどい状態と指摘されている。最大の原因は現在建設中の三峡ダムで、完成すると、揚子江上流六百キロの水流が止まってしまう。要するに、川ではなく巨大な人工湖に変わってしまうわけであるから、水を堰き止めることにより本来機能していた自然の浄化能力を奪ってしまうことになる。

上流六百キロ周辺の住民約一億人が出す生活排水の対策がどれだけ配慮されているのか。現在ですら深刻化しているヘドロ、悪臭の対策は本当に機能するのか。揚子江を堰き止めることで巨大船の通行が可能になるが、巨大船が生む新たな汚染対策は講じられているのか。また、三峡ダムの最大の懸念とされる安全保障上の問題は本当に万全なのか。万一にも決壊しようものなら、三峡ダムは中国にとって最大の災厄要因になるに違いない。

★国民の意識を高めることが必要

現在、中国の農業灌漑用水の総量は年間約四千億トン前後とされているが、実際の有効利用係数は先進国の〇・七～〇・八に対し、〇・三～〇・四に過ぎない。工業用水の使用効率も低く、工業生産額一万元当たりの用水量は日本の六立方メートル、米国の九立方メートルに対し七八立方メートルであり、先進国の十分の一以下のレベルに過ぎない。

都市部における生活用水の浪費も激しい。全国の都市供給に於ける漏水率は九・一％であるが、多くの大都市での水道管の漏水による損失率が一五～二〇％に達するとの報告もある。

農業灌漑用水の有効利用係数がこのように低いのは、米国が穀物生産のわずか一〇％を灌漑に頼っているのに対し、中国では水不足ゆえに穀物生産の七〇％を灌漑用地で生産していることに起因する。中国では灌漑用地の九五％が灌水《かんすい》灌漑ないし畝間《うねま》灌漑であり、蒸発による水の損失が大きいのである。

現在、北京郊外において、我が国の技術協力によるビニールパイプに極小の穴をあけ地表で必要な場所に灌漑する低エネルギー型精密散水（ＬＥＰＡ）の研究が行われている。だが、このような節水灌漑は、付加価値の高い果物や野菜には採用できても、穀物生産には費用対効果の観点から採算に合わない。

農村部における経済力を勘案すると、灌漑方法の向上により効率性を上げることには限界がある。米をやめて麦に切り替えるなどの節水型穀物に転換することや、畜産でも、より少量の穀物で同量の肉を得られる豚肉から鶏肉への転換などの方法に頼らざるを得ないであろう。

また、西部大開発の目玉の一つとして「退耕還林」が行われようとしている。これは生態保護であるとともに、生産性の低い農業を放棄し、貴重な水をより生産性の高い地方や別の産業に回すとの狙いがある。

工業分野での節水の余地は大きい。先進国で一トンの鉄鋼を生産するのに平均六トンの水を使用するのに対し、中国では二十~五十トンの水を使用する。紙の生産でも先進国の二倍半以上の水を使用する。生産設備の向上や、生産工程の改善により、効率を大きく上げる余地はおおいにある。生活用水にしても、節水型水洗トイレの導入や、水道管の水漏れを改善するだけで、格段に改善できるはずだ。

いずれにせよ、全国的、全産業的に節水を実行するためには、環境改善の意識を高めるのと同じように、中国においては水がいかに貴重であるかについて国民の意識を高めるとともに、早急に水利権を整備し、マクロ的な水管理政策を導入し、「合理的な水の価格体系を確立すること」が望まれる。

〇〇年の中国の水の全国平均価格は、農業用水＝〇・〇二七元／立方メートル、工業用水＝

〇・〇八元／立方メートル、都市生活用水＝〇・〇五五元／立方メートルである（ただし上海では、一・〇三元／立方メートル＋汚水排出費〇・七元〈〇四年七月一日より〇・九元に値上げ〉、他方北京では同八月一日より工業用水＝五・六元／立方メートルに、生活用水＝汚水排出費を含み三・七元／立方メートルに値上げ、〇六年には生活用水を四・一元に値上げ予定）。このような低価格のため、中国の給水部門は農村であれ、都市部であれ、赤字経営が続いている。

先進国の都市部における価格は、汚水処理経費を含め平均約八元、農業用水が約〇・八元である。このことに照らせば、中国の現在の経済力を考えると、水の価格を上げて、節水効率を高める余地があることは明らかであろう。

★深刻化する砂漠化とわが国の協力

九九年、レスター・ブラウンは『Beyond Malthus』と題する本を発表し、全世界的な水不足による食料不足を警告した。中国は世界で最も人口の多い国でありながら、水の絶対量が不足している国である。

その貴重な水資源も、気候変動に加え、生態系の破壊により減少し続け、砂漠化が着実に進んでいる。中国の砂漠と砂漠化地域の面積は二百六十七・四万平方キロメートルで、国土の約二八％に及んでいる。砂漠化の勢いは急速に進んでおり、九〇年代には毎年神奈川県の面積に相当する二千四百六十平方キロメートルが砂漠化しているといわれていたが、現在では、その速度が加速し、毎年大阪府の二倍の面積、約三千四百三十六平方キロメートルとなっている。

首都北京からわずか十八キロメートルのところにまで砂漠が迫ってきており、北京市民の平均水使用可能量は、世界の欠水国として有名なイスラエルの人たちの使用量より少ない。

北京ではようやく節水のため、一定以上の使用量に達すると水道料金が高くなるシステムを採りはじめた。

山西省や山東省では、給水制限等による節水対策が行われている。

西部大開発事業では一ヘクタールの減反に対し三百元の補助金が出されることになり、非効率な水の使用に歯止めをかける試みが始まった。

このように、水問題が徐々に意識され始め、その対策が検討されてはいる。とはいえ、江戸時代から水争いによって慣習法的に水利権が発達したわが国と違い、枯れることのなかった大河のお陰で、水の制限あるいは水の確保に高額の代償を払わなければならないという意識はまだまだ低く、水不足の深刻さに比して対策が後手に回っている。

中国の水瓶であるチベットおよび青海高原の万年雪の積もる地域の最低高度が上昇を続け、黄河源流にある湖の水位が下がり続け、人口が着実に増加しかつ裕福になり続ける現状では、水不足は確実に深刻化し、それに伴い農村と都市部、上流と下流、南と北で水争いが発生するのは避けられないであろう。

隣国であるわが国も、この問題に真剣に取り組まなければならない。わが国は中国に対し、七九年以降の累計で約三百億ドルにのぼる政府開発援助を供与しているが、これまで円借款で植林事業、汚水処理場施設、浄水場施設等の建設、無償資金協力による植林事業、上下水施設の建設、中日環境保護センターの建設等、中国緑化事業を支援するための小渕基金の創設、プロジェクトタイプ技術協力による中国灌漑区改良および節水灌漑モデルプロジェクト、中日協力水利部人材資源開発センタープロジェクトの実施、その他通常の技術協力を通じる水利関係の技術移転等を行ってきた。

わが国は中国と違い瑞穂の国であり、水資源が豊かである。豊かであるが故に水の管理が最も発達した国でもある。今後わが国の経験と豊富な人材を生かし、中国の水不足問題を地球的規模の問題として、全面的に協力する必要があろう。そのためにはまず、中国自身が水不足問題の深刻さを認識することが大事であり、自助努力することが望まれる。

★水利部の局長宛てに送ったレポート

じつは〇二年、私は右のような内容を中国語のレポートにまとめ、水利部の局長宛てに送った。

しばらくたって返事の手紙が届いた。

私のレポートを水利部の全部門に配ったこと。一人の外交官の水問題に対する大変な研究に敬意を表すること。黄河の調整、節水、地下水、汚水対策などについて、現在、水利部が懸命に取

中华人民共和国水利部

MINISTRY OF WATER RESOURCES, PEOPLE'S REPUBLIC OF CHINA

日本国驻华使馆公使

杉本　信行　先生:

多日不见，想必您一切顺利．您送给我的文章“中国缺水”早已收到并拜读，此外，还转水利部有关部门参阅．今日才复信，十分抱歉．

作为一位外交官，您如此关心我国的水问题，并在深入研究的基础上，提出一些新鲜的观点和颇有参考价值的建议，对此我要向您表示由衷的谢意．

先生在文章中提到的一些问题都十分重要．在此，我愿意就您提出的一些建议谈一些个人的观点，与您共同探讨．

正如先生所指出的，中国是一个水资源十分短缺的国家，在经济、社会快速发展的前提下，缺水问题日趋严重．今年的旱情充分暴露了问题严重程度．先生可能已经注意到了 10 月 13 日水利部为解决天津的供水紧张问题所采取从黄河临时调水的措施．水利部为解决我国的缺水问题的主要对策是加强农业、工业和居民供水方面的节水工作，加强治污及水环境保护工作．为解决中国北方地区的缺水问题，缓解水资源时空分布不均的矛盾，实施南水北调工程势在必行．这项工程已写进刚刚发表的“十.五建议书”中．东线、中线调水工程的主要

2 LANE 2 BAIGUANG ROAD BEIJING 100053, CHINA
TEL: 8610-63202708　FAX: 8610-63548037
E-MAIL: NDWU@MWR.GOV.CN

筆者が水利部の局長宛てに送ったレポートの返事

り組んでいることが記されていた。それらに続けて、水の価格を上げて節水効率を高めるという私の提案に対する回答が書かれてあった。

「水の価格を上げることで問題を解決するのは確かに有効な方法だろう。しかし、中国の貧富の格差、とりわけ、都市と農村、発展している地域と発展の乏しい地域の格差を十分考慮に入れて、計画的に、着実に水問題に対処していかねばならない困難がある」

つまり、水の問題を突き詰めれば、ひいては農村と都市の問題に収斂し、結局、貧しい農村のほうが成長著しい都市に比べて、水、電気などの社会インフラ費が倍以上も割高である中国の矛盾した現実を浮き彫りにすることになるからである。

私が危惧するのは、現在の共産党トップが、水問題が国家を揺るがすほど深刻な状況にあることを真に認識しているかどうかだ。

六〇年代の大躍進時代、毛沢東が視察する地方の先々では、地元総動員による「見せかけの豊作」を演出して、大飢饉の実態をひた隠しにした。

朱鎔基前総理の時代でもそうした地方の体質はあまり変わっていなかった。朱鎔基が地方の食糧備蓄のチェックを行おうとすれば、必ずどこからか情報が流れ、先回りされて運び込まれた穀物で倉庫は満杯になっており、「見てのとおり、問題ありません」と地元責任者から報告される。これでは実情が中央の政府に反映されることはない。それに気づき始めてからの朱鎔基は、抜き打ちチェックに切り替えたという。現在の温家宝もよく承知しているが、結局、中央の指導者が

江沢慧（江沢民前主席の妹）中国林業科学研究院院長に深刻な水不足を訴える筆者

地方の実情を完全に掌握できる体制になっていない。

中国の場合、中央の指導者が問題認識を抱いて指導しても、それが確実に実施されない問題が常にあるのだ。

たとえば、〇五年にＮＨＫが取り上げて問題になった河南省のエイズ村の一件もそうだ。温家宝首相が自ら視察した後、住民に対する早急な援助、医療施設の充実を命じたものの、現地政府はその指示を無視したまま、今日に至るもまったく対策を講じていないのである。

中央の方針が地方政府の利益に適うならば、地方政府は凄まじい勢いで実行に移すが、中央の方針と地方の利益が対立する場合には、「上に政策あれば、下に対策あり」で、地方は徹底的に抵抗する。この図式は中華人民共和国の建国以来変わっていないと確信する。

第十章——搾取される農民

★農村でポリオのワクチンが二割不足する理由

前章で中国が直面する深刻このうえない水問題、あるいは食料問題に言及したが、なぜこのような問題が発生するのかを突き詰めると、結局、この国には人口が多すぎるのだ。かりに中国の人口が現在の三分の一の四億人程度であれば、そうした死活問題は発生しないはずである。

〇五年、国家統計局が中国の人口が十三億人を突破したと発表、十三億人目の赤ん坊に認定証が渡されたことは記憶に新しいが、実際にはそれを大きく上回っているのではないかと見られている。

たとえば、ポリオ（小児麻痺）撲滅のため、十年にわたり農村部でのワクチン投与に携わった日本の医療関係者はこう語る。

「一人っ子政策を実施してきた現地の計画出産委員会の統計に従ってポリオワクチンを持っていくと、たいてい二割から三割は足らなくなる」

つまり、実際に集まってくる児童数は、それぞれの計画出産委員会が把握している数より二割以上多いのだ。一人残らずポリオワクチンを投与しなければ無意味になることから、ふだんは罰金を恐れて隠されている無戸籍児童が連れられてくるからである。

このような誤差がいたるところで発生していることに加えて、国務院が〇六年四月に発表した「中国農民工調査研究報告」によれば、二億人以上の民工がいるとされ、これらのうち一億二千万人が都市に流入しており、戸籍制度そのものが急速に揺らいでいる。このような状況下で、人口統計の誤差は千万単位で収まるはずはないと誰もが思っている。

ここで中国の人口の推移を振り返ってみよう。

革命直後、中国の総人口は約六億人といわれていた。それが毛沢東時代の「産めよ、増やせよ、人口が多いほど戦争に勝てるのだ」という出産率を積極的に伸ばす奨励政策により、五〇年代の人口自然増加率は平均一九％前後まで高まった。

六〇年代に入ると、大飢饉で数千万人が餓死した六〇年、六一年を除き、平均二七・七％と大幅に伸ばし、続く七〇年代も一七・四％と高水準で推移したため、政府は人口抑制政策を迫られることになる。

そこで七九年から一人っ子政策をスタートさせた。八〇年代の人口自然増加率は平均一四・六％、九〇年代は平均一一％と減少してきて、〇二年の六・四五％が示すように、近年は急激に人口増加率が下落してきている。

日本が援助を続けてきた中国へのポリオワクチン供与式

こうした経緯のなかで、出生男女の性別比の偏りという社会問題が起きている。

統計によると、〇〜四歳では女一人に対して男一・一九人、五〜九歳では女一人に対して男一・一三人と男の比率が相当高まっており、さらにこの傾向は都市と農村で大きく異なり、農村において顕著となっている。

こうした出生男女の性別比の極端な偏りが、最近多発する女児誘拐事件や人身売買など社会問題の遠因となっていると思われる。

★農民を「外地人」と呼ぶ露骨な差別意識

中国で急激に豊かになり、経済発展の恩恵を受けているのは、都市部に住む四億人の住民の一部にすぎない。かたや経済発展とは無縁の九億人近くいる農民の生活は、革命以来遅々として進んでいない。

具体例をあげると、首都北京からわずか二百数十キロしか離れていない大同市の周辺の農家（一家四人）の一年間の現金収入は日本円で二千円程度でしかない。ピンポン玉大のジャガイモを生産し、澱粉《でんぷん》を絞った残り滓《かす》を固めて冬用の予備の食料にしている。

主食のトウモロコシも発育が悪く、日本では家畜も食べないような貧相なものである。大都市の近郊の農家ですらこのような状況である。さらに奥地の外国人立ち入り禁止の未開放地域における貧しさは推して知るべしだろう。

かつて広西チワン族自治区の貧困地帯に出張した際、そこの郷長（末端の行政単位の長）に、一番苦労している点を質問したところ、「少数民族の村を戸別訪問して食料備蓄の瓶を覗き、食料が少なければ補給して回る。そうしなければ彼らは飢え死にしてしまい、自分が責任を取らされる」とこぼしていた。

考えてみれば、いまのように十三億を超える人口を飢え死にさせずに養うことは、中国の長い歴史の中でも初めてのことなのだ。

九八年、二度目の北京赴任を機に、私は、この国の農民について強く意識を向け始めた。というのは、以前は接触するのが役人や政府・党関係者に限られていたのが、このときにはかなり自由に、こちらがその気になれば、貧困な地方の農業従事者とも接触できるまで規制が緩められていたからだ。

中国には、北京の中央政府を頂点に、省、県、市、郷鎮にまで政府機関が存在する。末端の村にまで村民委員会という村の行政を司る機関とそこに従事する役人がいるわけだが、末端の役人ほど農民に対する態度がひどく、明らかに露骨な差別意識を抱いている。

都市住民も役人同様、農民を低く見ている。農民を「外地人」、つまり、外の田舎からきた人と呼ぶことからも、その差別意識が窺えた。

なぜこうした露骨な差別意識が出てくるのか。そこには中国特有の戸籍制度に大きな原因があるといわざるを得ない。

現在の戸籍の基本となっているのは、五八年に制定された中華人民共和国戸籍登録条例である。外国人、無国籍者、現役軍人以外、すべての中国公民を対象とする戸籍を、中央から地方まで、各行政単位の公安機関が管理している。

戸籍登録条例によると、中国語で「農村戸口」と呼ばれる戸籍を持つ者が農民と定められている。対して、都市に住む者、あるいは農村に住むが行政に携わる役人は「城鎮戸口」を持つ。

この戸籍制度は、日本の本籍登録と住民登録を兼ね合わせたようなもので、基本的には移動の自由がなかった時代には、住所と本籍地は必ず一致していた。

この都市住民と農民の違い、城鎮戸口と農村戸口の違いは、天と地ほどの開きがある。都市住民であれば受けられる行政サービスが、農民は一切受けられないからである。

農民には生産手段として、国から一定の土地の使用権が認められている。ただし、その土地使用権を得ていることで、社会主義制度の下に都市住民が享受している年金、医療保険、失業保険、最低生活保障などの社会保障が受けられない。言い換えれば、農民は、都市住民が享受しているすべての社会保障の対象外になっているのだ。

農民が都市住民に戸籍を変えることは容易ではない。昔は農村戸口の者は四年制大学を卒業し学士号を取得して国有企業に就職するか、あるいは人民解放軍の幹部になるなどしなければ、都市住民に這い上がる機会はなかった。

あるとき、北京でウェイトレスをしている地方出身の女性からこんな悲劇を聞かされた。

「田舎の村に将来を約束した許婚がいた。しかし、成績優秀な彼が四年制大学に入ったことで、自分は身を引かざるを得なくなった」

彼が大学を卒業すれば城鎮戸口に戸籍変更し、「身分」が変わってしまうからだというので、「彼と結婚すれば、あなたも都市戸籍になるのではないか」と聞くと、彼女は首を横に振った。

「彼が都市住民になっても、結婚相手の私が農民の場合、私の戸籍も変わらないし、生まれてくる子供も農村戸口になる。だから、彼は私と結婚することなどあり得ない」

許婚と結婚する夢が破れて、田舎から北京まで流れてきたらしい。

★先富論の悲劇

農村と都市の移動は昔から厳しく制限されていたが、例外の時期があった。

六〇年の大飢饉に見舞われたときは、背に腹はかえられず、大量の都市住民が農村に逃げ込んだ。

また、文化大革命の際にも、農村を救う「下郷運動」に約千七百万人もの都市の青年が農村を目指し、その後、大きな悲劇を生んだ。文革終了後、農村から都市への流入が厳しく制限されたため、彼らは都市に戻れなくなってしまったのである。

実際、七四年、私の研修生時代は何を買うにも配給制で、まず、田舎から都市に出るために乗る列車の許可証が必要であった。運よく都市に紛れ込めたとしても、今度はいくらお金を持っていても糧票、布票がなければ食料も生活必需品も手に入らない。結局、農民は都市では生活できずに田舎に帰らざるを得ず、配給制度が人々の移動を防ぐ有効な手段として機能していたように思う。

そして八〇年代に入ると、鄧小平の号令による改革・開放政策が本格的に始まり、急激に都市部が発展してきた。経済成長に伴い必然的に労働人口が不足し、それを農村人口が補完するようになり、ある程度農村から都市への移動の自由が緩和されてきた。

その象徴がいわゆる「青色戸籍」で、九八年頃、労働力が極端に逼迫《ひっぱく》した上海、厦門、深圳、広州などの沿岸都市において導入された。

各都市の新規開発地区に建つ十万元以上の不動産物件を購入するか、同地区に二十万米ドル、あるいは百万元以上の投資を行う条件で、その土地の都市戸籍への編入を認めたのだ。

青色戸籍に殺到したのが、改革・開放ブームに乗って起業し豊かになった郷鎮企業経営者、いわゆる万元戸たちであった。彼らが短期間に大挙して取得しすぎたため、この新制度は二年ほどで打ち切られてしまった。

こうして鄧小平が「先に富める者から富めよ」と唱えた「先富論」に乗り、うまく都市住民に変われた者もいたが、明らかなのは、農民と都市の貧富の格差が許容範囲を超えるほど拡大してしまったということだ。

拡大こそすれ、決して縮小しない格差の根本原因は、そもそも両者には身分的な差別があることだ。そして、通常の世界では、発展した地域には人口流入が起こり、所得の再分配が生じるはずなのに、中国では移動の自由が規制されているため、正常な所得の再分配が行われていないという悪循環に陥っているからであろう。

★土地を奪われ難民化する農民

中国のおおいなる社会矛盾の元凶である戸籍制度については、調べれば調べるほど義憤にかられてくる。

たとえば、都市住民に比べて所得が著しく低く、しかも、行政サービスをまったく受けられない農民のほうが、税金、公共料金、教育費などの負担率が断然高いのである。これは所得再配分うんぬん以前の問題で、まるで「生かさぬよう殺さぬよう」に農民から年貢を搾《しぼ》り取った、江戸時代の農村政策のようなものだ。

そして最近の大問題は、農民の命といっても過言ではない彼らの土地が奪われていることだろう。

土地の失い方にはさまざまなパターンがある。

中国の農村部の場合、農民の土地使用権は郷鎮政府の下にある村民委員会という単位が、管理している。本業だけでは食えない農民は、出稼ぎに行く際、村民委員会に登録して土地を貸し出す。ところが、その村民委員会がいい加減な処理や不正行為を行うために、土地の名義が移動していたり、登録書がすり替わっているなど、農民が出稼ぎから戻ってきてからトラブルが起きるケースが頻発しているのだ。

最近では沿岸部の経済発展地域において、さらに深刻なケースが増えている。

巷間《こうかん》いわれる経済開発区とは、もともとは鄧小平が指名した深圳、珠海、廈門などの国家級の経済特区を意味していた。続いて、各省一級行政府が法律に基づき経済開発区を制定した。だが、それより下の市、県級が経済開発区と称して内外企業を誘致するなかには法的に曖昧なものが混在している。

それを真似たのが、さらに下の郷鎮政府だった。自分たちで勝手に経済開発区をつくり、税制や安いインフラ利用料などの優遇措置を武器に強引な誘致活動をし、外国企業から多額の投資を引き出した。やがて、それが錬金術となり、郷鎮政府は経済開発区づくりに狂奔するようになった。

その経済開発区づくりに農民の土地が充当されたのだ。

たとえば、上海市では、土地を提供する農民に対して、法律に基づく補償を行ってバランスを取った。元農村だった上海周辺のある区に開発計画が持ち上がった際、上海市政府は七十万人農民から土地使用権の返上を求める代わりに、都市住民の証である城鎮戸口を与え、農民すべてを都市住民として社会保障の対象に組み入れた。

しかし、すべての行政府が、上海市のような財政余力があるわけではない。

江蘇省南京市が空港近くのある区に経済開発区を計画する際、行政側は土地使用権を持つ農民に対して、集合住宅を提供することと、立ち退き費用を一戸当たり三十万元とすることで交渉に臨んだ。年収一万元程度の農民にしてみれば、三十年分の収入が一挙に転がり込んでくるわけで、全員が即諾。それを元手に職業替えをした農民はわずかで、ほとんどが浪費、博打、無謀な投資に走り、賠償金を使い果たしてしまった。

土地を失った彼らは、仕事がないし金もない。上海市の農民のように都市戸籍をもらっていないので、社会保障も一切ない。どうなるのか。難民化するしかないのである。

すでにそうして土地を失い、農村を捨てた元農民たちが各都市に流入してきている。統計上、上海に三百万人、北京に二百五十万人以上が他省から移動してきているのだ。難民化した彼らの大半は暫留許可証を持つ外地人として、流入した都市で生活することになる。

ここでまた大きな問題が発生している。

たとえば、三百万人の外地人がなだれ込む上海では、三、四十万人におよぶ上海に戸籍を持たない外地人の子弟がいるのだが、上海市政府は彼らの教育についてダンマリを決め込んでいる。外地人側は仕方がないので、出身地ごとに組織化された互助組織が私立学校を設立している。この学校は、各出身地の行政単位から一部補助は拠出されるものの、基本的には自力で運営せざるを得ない。

そのうちの数校を視察したが、上海市の公立学校と比較すると、言葉を失うほどみすぼらしいところばかりであった。とにかく極端に資金不足なのだ。

ある上海市の外地人が設立した私立学校は、内陸の貧困農村と同じレベルで、あえていえば、掘っ立て小屋に裸電球がぶら下がっている教室に、九十人の学童がひしめき合って勉強しているという状態だった。当然、図書館、運動場、食堂などの付帯施設などは望むべくもない。

教室と事務室だけの学校なのに、それでも結構な学費を取るので、外地人の子供のうち四割は、こうした出身地私立学校にさえ通えないのだという。

この私立学校に子供を通わせる父兄に聞くと、「スクールバスもなく、何らの行政サービスも受けていないのに、安全通学費など理由不明の名目で上海市から費用を徴収される」と不満を述べていた。

彼らの生活ぶりを覗くと、上海といういまや世界有数の大都市の片隅で、ギリギリの生活を送って生きていることが痛いほど伝わってくる。

林立する超高層ビル群から目と鼻の先に、かつての国有企業の廃屋密集地帯があり、迷路のような路地が縦横に走っている。上海市街の華やかさとは無縁の、薄汚れた、ゴミにあふれた、水洗便所など望みようのない不衛生な場所で、外地人家族は必死で生き延びている。

一部屋に一家四人が暮らす家を訪ねて、子供たちに話を聞く機会があった。彼らは上海生まれの上海育ちであるので、両親の故郷を知らないし、帰っても仕方がないのだと話していた。彼らが傷つくのは、日常で暮らす仲間内の社会の一歩外側に出たときだ。上海の都会っ子たちは経済的に恵まれ、衣食住すべてにおいて、まさしく彼らとは別世界の生活を享受しているのだから。

子供は正直ゆえに残酷である。貧しさを馬鹿にされ、戸籍で差別される。彼らが抱く地元の子供たちに対する凄まじいまでの敵愾心《てきがい》は、やがて将来恐ろしい社会問題として浮上してくるような気がしてならない。

★実質三十倍に拡大する都市と農村の格差

先に述べたとおり、「都市住民」は、生活最低保証、失業保険、養老年金、一定程度の医療保険等、路頭に迷わないための最低限の社会保障の対象になっているが、「農村戸口」と呼ばれる戸籍に分類された農民は、現在の生活拠点が農村部にあろうが都市部にあろうが、都市戸籍を持っている人々が享受している社会保障の対象外となっている。

農家では、現金収入の約三分の一を次年度の耕作のための種・肥料等の購入に充てざるを得ないのに、税金以外に、制度的に合法的な費用を徴収され、所属する地方行政単位からは各種の制度外費用まで徴収されてしまう。

都市と農村の表面的な所得格差は、統計的に三倍程度と公表されているが、実質的な格差は、その十倍、すなわち三十倍ほどあると内々報告されている。現在、このような制度的な格差を是正するため、農業税の撤廃など各種の試みがなされている。

しかし、その過程で格差はむしろ拡大しつつあり、農村インフラの整備がさらに遅れるなど各種の矛盾が露呈しており、格差是正の根本的解消には程遠いのが現状であろう。

都市との格差を拡大させた要因の一つに、政府が農産物の買い付け価格を引き下げたことがある。九六年、初めて食料総生産が五億トン台に達し、九九年までほぼ五億トンを維持する豊作が続いた。在庫過剰を招いた政府が農産物の買い付け価格を引き下げ、農民の収入が減少、まさしく豊作貧乏を地で行くこととなった。

それに加え、八〇年代後半から急速に発展してきた、当時の農村余剰労働力一億三千五百万人を雇用して農村部に大きな収入をもたらした郷鎮企業のパフォーマンスが、九六年のピーク時を境に悪化し始めた（注：九五年には二千二十三万社、従業員数一億二千八百六十一万人、九六年には二千三百三十六万社、一億三千五百八万人、九七年には二千十五万社、一億三千五十万人、九八年には二

千四万社、一億二千五百三十七万人、九九年には二千七十一万社、一億二千七百四万人＝『中国郷鎮企業年鑑』より）。

郷鎮企業の不振の結果、農民の大きな副収入源が急速に収縮した。江沢民―朱鎔基体制は、都市インフラや大型プロジェクトの建設には熱心であったが、農村インフラ建設には関心が乏しかった。このため、都市住民には積極的財政政策の恩恵が及んだのに対し、農村住民にはその恩恵がほとんど及ばなかった。

また、農民には、日本の農業協同組合のような政治的圧力団体が存在せず、ＷＴＯ加盟交渉やＦＴＡ交渉において農業の利害は常に犠牲にされてきた。私は当時中国政府がＷＴＯの農産物関税の一律引き下げをあっさりと受け入れてしまったことに驚いたものだ。

日本だったら農協の猛反対に遭ってとても通らない。このことは、総人口の六割以上を占める農民、差別されている農民の声を反映する組織が存在していない証といえる。

中国の利益を代表するのは労働者階級だったはずだが、農民は労働者の範疇にさえ入っていないということなのだろうか。

それでも共産党は歴史の教訓からか、農民が組織化することを恐れている。全国人民代表大会の農民の比率もきわめて低いのである（注：〇三年の第十期全人代では、各選挙区の代表一人当たりの重さは、農民一に対し、都市戸籍の人四）。

★理不尽な制度外費用の徴収

ここではいかに農民が搾取されているかをさらに説明したい。

二〇〇〇年、朱鎔基首相は農民の総負担額は年間約千二百億元であり、その内訳を農業税約三百億元、合法的な費用徴収六百億元、非合法の制度外徴収三百億元と示し、負担軽減のため、農業税を廃止する方針を打ち出した。そこで安徽省はじめ十省で検討が始められた。

ところが、そもそも朱鎔基が把握している数字自体が大きく誤っている、と社会科学院の一部の研究機関が指摘している。同機関で内々に使っている資料では、農民の負担額は千二百億元を大きく上回る四千億元、そのうち合法的な費用徴収は千二百億元に達するという。これが中国の統計の恐ろしさなのだ。

悪税といわれて久しい現行の農業税は五八年から施行され、八〇年代に人民公社が解体され、個人農家が耕作するようになっても継続されてきた。農業税とは、米、麦などの食料作物と、綿花など経済作物の平年の作柄（生産量）を課税基準とする租税で、生産額に対して全国平均で一五・五％が課税される。

これ以外の果物、お茶、水産物など（タバコを除く）には農業特産税をかけられ、こちらのほうは生産額の一四・五％。

また、非農業用途のための建物に対する税金として、耕地占有税を支払わなければならない。

要するに、農民が自分の耕地内に住宅を建てると税金がかかるわけで、これが一平方メートルあたり一元から十元となっている。さらに、家屋や畜舎などの賃貸額にかかってくる契約税がある。

豚、牛、羊などの家畜の解体処理、売買行為に対しても屠殺《とさつ》税を徴収される。家畜一頭を屠殺するごとに二元から十元と決められている。

以上のように、農民はさまざまなかたちで税金を徴収されており、その伸び率が、国家の税収伸び率、都市住民が支払う税金の伸び率を上回っている。

さらに問題なのが、農民が支払わなければならないのは、右に挙げた税金だけではないことだ。地方政府の権限で農民から徴収する合法的な税金以外の費用である制度内費用がそれで、「五統三提」もしくは「三提五統」と呼ばれる。

五統とは、郷鎮政府が徴収する教育費、退役軍人慰労費、民兵訓練費、道路建設費、計画出産管理費の五種類の費用を意味する。最後の計画出産管理費とは、一人っ子政策を遂行するために、妊娠した女性を超音波機器でチェックするための費用で、胎児の性別により強制堕胎《だたい》を行っているところもある。

三提とは、郷鎮政府の下部の生産大隊である村民委員会が農民から徴収する費用を意味する。公的積立金、公益金、行政管理費と三種類に分かれているが、結局、村民委員会の役人の人件費のことで、実際はその村のボスの給与を農民が払う仕組みになっているのだ。

さまざまな数字が出ているので正確かどうか不明だが、五統三提に対して年間に農民一人当たり約百元、農民の年間純収入の六％が支払われているといわれる。

さらに曲者なのが、郷鎮政府や村民委員会が農民に強いる制度外費用で、これは俗にいうところの乱収費だ。中央政府からさんざん中止を勧告されているにもかかわらず、なかなか実行されていない。また、中止されたらされたで、新たな問題が発生する。

これは五統三提に組み込めない種類の費用を農民から無理やり徴収するもので、道路費用、電力費用、学校建設費用、結婚交渉費用、住宅建設管理費用などがある。ちなみに結婚交渉費用とは、村民委員会が発行する結婚証明書に支払う費用で、こうなると地元役人のやりたい放題という感じである。

この制度外費用の徴収が大変な額に膨張しており、農業税などの税金と制度内費用の合計の八割にもおよぶといわれる。

私が地方の農村に出かけたとき、何度も見かけたのが、幹線道路の途中に建てられた関所である。バラックの小屋に見張りの役人がいて、道路脇に設置したバーを上げ下げして、通行税を徴収しているのだ。明らかに違法行為なのだが、そこで停めた車、オートバイ、自転車、大八車それぞれから料金表に従って通行料を徴収していた。

そのうえ農民は「両工」と呼ばれる二種類の義務労働を課せられている。一つは防波堤建設、二つ目は道路や学校建設である。農民はそれらの建設のために無償で労働力を提供しなければならない。つまり、農村のインフラ建設とは、基本的には農民自身で行なうものとされており、それが税金投入で行われる都市とはまったく違う。ここでも農民と都市の根本的な差別があるわけである。

★義務教育でも大きな差別

都市において一〇〇%国の財政で面倒を見ている義務教育についても、農村は大変な負担を強いられている。

中国全体の八割の小学校、六割強の中学校が農村地域にあるが、中央政府による農村の義務教育費負担率はわずか二%にすぎない。義務教育とは名ばかりであることがわかる。

負担率の内訳は、中央政府が二%、省政府が一一%、県市が九%。残りの七八%を、先述した五統三提の制度内費用から末端の郷鎮政府が負担している。そこで何が起きているのかといえば、上限が決められている制度内費用の教育費として徴収するだけでは足りないので、農民から制度外費用として取り立てているのである。

しかも、ここでも二重の差別が存在する。たとえば、上海市の一人当たりの教育費千八百六十二元に対して、貴州省は二百元という具合に、一〇〇%義務教育費負担を実施している都市の受益額のほうが、結果的に大半を自己負担している農村の受益額をはるかに上回っているのだ。

そこで中央政府が、農民の負担を軽減するため、制度外費用の徴収禁止、義務労働の禁止の政策を実施したところ、大問題が発生した。郷鎮政府が真っ先に義務教育費を削減したため、農村部の学校教師の給与未払い問題が頻発したのだ。

こうしたことから現時点でも農村部における九年制の義務教育の普及率は八五％程度（この数字も十分精査する必要があろう）にすぎず、農民負担軽減の過程で切り捨てられる傾向にある。したがって、農民に対する基礎教育はじつに不十分であり、農民は出稼ぎに都市へ出ても単純労働や三K労働に就くしかなく、そのうちの七割近くが最も危険な建設労働に従事しているのが現状である。

これら建設労働に駆り出される農民たちは、暫定居留証も取得しないまま、都市の建設現場の飯場に閉じ込められ、一年程度働かされた挙句、孫請け、そのまた孫請けの最終的な施工業者から資金繰りがつかない等の理由で給与未払いのまま放置される問題に晒されている。

実際、旧正月近くになると、未払いにより故郷に現金を持って帰ることができない出稼ぎ農民が、上海の中心を流れる黄浦江にかかる大橋のアーチによじ登り、未払いの不当性を訴える事件が年中行事のように発生する。これら農民に対する未払い給与額が一千億元以上に達するとの報告もあり、温家宝首相がこれを厳しく取り締まるよう何度も指示を出しているほど深刻である。

以上、九億農民の現状を述べてきたが、いかに中国社会の中で、彼らが都市住民と差別され、搾取されているかが伝わっただろうか。こうした社会構造こそが、中国がこれだけ経済成長を遂げても国内消費が思うほど伸びない元凶となっているのだと思う。

都市が農村を搾取し、富の再分配がいびつなかたちで行われている限り、投資と消費のアンバランスは是正されることはない。農村の貧困と都市の経済バブル化がさらに顕著化するだけであろう。

★深刻な高齢化とエイズ

〇〇年の国勢調査によると、六十歳以上の老齢人口はすでに一億三千百万人と総人口の一〇・四％を占めており、その後も老齢人口は年三％のペースで増加していると見られている。

このように高齢化が急速であるにもかかわらず、社会保障制度の整備が遅れており（とくに農村）、これが財政圧力をもたらし、社会不安を増大させるおそれがある。

また、エイズなど感染症患者の急拡大が中国の社会混乱や直接投資の減少を招くおそれも否定できない。

〇四年に入り、呉儀副総理兼衛生部長がＳＡＲＳ（新型肺炎）に続きエイズ対策の責任者に任命されたが、これは当局の危機感をよく現すものといえよう。

衛生部の発表によれば、〇三年現在、エイズ感染者は約八十四万人であり、発病は約八万例となっている。

このほかにも、肺結核患者が約四百五十万人（毎年百四十五万人が新規に発生）、Ｂ型肝炎ウイルス長期保有者が一・二億人（うち慢性B型肝炎患者は二千万人）、C型肝炎感染者が推計三千八百万人（うち約五〇％がウイルス保有者）などとなっており、これも農村における貧困・医療体制の未整備が主要な原因である。

★役人天国と二重権力構造

いびつな形の富の再分配に危機感を抱くようになった胡錦濤政権は、弱者対策を強調するが、掛け声ほどうまく進まないのは、社会の矛盾があまりにも根深いからだろう。

中国の場合、共産党の一党独裁で一枚岩、中央政府が方針を決定すると命令一下、末端まで浸透するようなイメージを抱きがちであるが、実際には地方の権力者が跋扈していて、なかなか一筋縄にはいかない。彼らの態度は、一言でいえば面従腹背。既得権を手放そうとしない権力者の抵抗はじつに手ごわい。

前述したように、河南省のエイズ村に温家宝首相自らが足を運び命じた政策を、現地の責任者が平気で無視するようなことがしょっちゅう起きるわけである。

結局、中国とは壮大なる役人天国なのだと思う。たしかに人口は多いが、それにも増して、国家、省、県、市、郷鎮など網の目のように張り巡らされた行政単位が存在し、それぞれが必要以上の役人を抱えている。したがって、人口一人当たりの役人の数はべらぼうに多い。

そうした非効率、無駄を整理するため公務員改革に着手したのが、豪腕といわれた朱鎔基首相であった。だが、結局それは形だけで終わった。公務員改革で中央省庁を去った国家公務員はことごとく関連機関や特殊法人、関連国有企業に再就職し、影響力を温存した。省レベルでさえまったく進まないで終わった公務員改革がその下のレベルに浸透する道理がなかった。

朱鎔基が公務員改革に実質的に失敗したことは、あらためてこの国に寄生する人々がいかに多いかを再認識させた。省、県、市、郷鎮はそれぞれ行政府という権力機関を持つが、一方でその裏には各共産党委員会の書記以下の実力者が存在する。この二重権力構造が中国政治の最大の問題であり、矛盾を孕んでいるといえる。

しかも、その二重権力構造の中で、党と行政府両者の思惑により、両者が重なって権力をふるっている部分とそうでない部分があるのだから始末に負えない。

極端にいえば、通常の国家の二倍の役人を抱えているようなイメージであり、トータルな行政コストが異常にかかっているのである。

実際、中国の党幹部や役人は凄まじい特権を享受している。日本でもマスコミが伝えてはいるが、日本人にはなかなかイメージできないかもしれない。たとえば、共産党幹部になれば、死ぬまで私設秘書、運転手がつくのが当たり前で、一人当たりの経費は膨大な額にのぼり、本人は生涯贅沢ができるようになっている。

農村の郷鎮政府レベルの役人でさえ、好き勝手に飲食に公費を使い、運転手つきの高級公用車を支給されているような例は珍しくない。彼らが社会に寄生して贅沢三昧をしているかぎり、富の再分配がうまくいくはずがない。

たとえば、八九年の大洪水の際、日本から大量のリサイクル衣料を提供したが、洪水が一段落して、一部の地域でどのような配分が行われたか聞き取り調査を行ったところ、案の定、提供衣料のなかで比較的高級品は事前に郷鎮政府の家族に持ち去られていたことが判明した。

農民が蔑視されている原因の一つに、共産党の幹部のほとんどが都市出身者で占められていることが考えられる。

「農民に学べ」とスローガンを掲げた毛沢東は農民出身だったが、毛沢東自身が農民を軽蔑していたフシがある。毛沢東は、知識分子を軽蔑すると同時に、農民に対して愚民政策をとったのだ。要するに、農民を生かさぬよう殺さぬように管理した。農民に知識を与えることで、自分たちの状況を把握させてしまうことを恐れた。不平等な現実を知って彼らが立ち上がることを恐れたのだ。

だから、末端での教育がなおざりにされているのである。農民の教育が切り捨てられているのは、共産党が毛沢東の精神を連綿と受け継いでいる証といえるかもしれない。

第十一章——反日運動の背景

☆すべては共産党の正当性、正統性維持のために

中国は十九世紀後半から、外国からの軍事的な威嚇《いかく》を受け、半植民地化させられた歴史を持つ。とくに義和団事件に端を発する列強からの干渉は百年後の今日に至るまで、中国人の深層心理、DNAの中に、中国は外国から常に疎《うと》まれ、苛《いじ》められ、辱《はずかし》めを受けた、という、いわゆる「義和団コンプレックス」を植えつけた。したがって、他国から侮《あなど》られるのではないか、軽く見られるのではないかと、いつも必要以上に意識しているふしがある。

とくに日本に対しては、歴史的に見て中国のほうがはるかに強大で発展していたとの意識があるがゆえに、二十世紀初頭の日本のさまざまな干渉、さらに一九三〇年代から十数年に及ぶ侵略に対し、現在に至るまできわめて強い反発が残っている。ほかの外国人と話しても平気な話題が、相手が日本人となると興奮する中国人をよく見かけるのは、そうしたコンプレックスがあるからだろう。

ただ、現実的には外国人、とくに日本人から直接辱めを受けた時代に生きた人はすでにほとん

どいないわけで、これらの反発は、戦後生まれの世代に家庭や学校教育および共産党の宣伝を通じ綿々と引き継がれてきた。

日常的にＴＶドラマや記録映画を通じて、極悪非道な日本人のイメージが定着している。最近ではさまざまなインターネットサイトが、見るに耐えない映像や文書を大量に流し、対日イメージの急速な悪化を引き起こしている。

そうしたイメージづくりは、これまではすべて共産党宣伝部が横断的に行ってきたわけであるが、最近ではインターネット上のサイトで個人がそれを真似るケースが急増している。それを当局側が黙認している現実は忌々《ゆゆ》しきことであり、感情的な反応のさらなる広がりを予測させる。

反日教育とはすなわち愛国教育であり、さらにいえば、「その愛する国を統治している共産党を愛しなさい」という愛党教育である。

なぜそのように国を挙げての愛党教育がなされているのか。

人口十三億のうちのわずか五〜六％しかいない共産党員が、「この国を統治していること」の「正当性」および「正統性」を常に中国人民に認識させなければならないからに他ならない。

そもそもは共産革命を起こし、社会主義により人民の福祉を実現すること――すなわち軍閥、国民党政府の腐敗堕落した統治から脱却し、抗日闘争・戦争に勝利し、半植民地状態から脱却し、台湾問題を解決し、祖国の統一を成し遂げることが共産党の正当性および正統性を裏付けるものであった。

共産党一党独裁の統治が安定するには、要はスローガンどおりに国が発展し、人民が均等に豊かになり満足してくれればいいわけである。しかし、実際には一部の者だけが富を享受するだけで、貧富の格差が許容できないほど拡大しており、その不満が国内に充満している。本書で述べてきたように、中国共産党は、国本来の役割の部分すなわち「国を豊かにし人民を満足させる」という統治の正当性の面で、人民を満足させられないという根本的な構造を抱えている。

★「プロレタリア独裁」を放棄した江沢民

共産党のありかたを変えたのは、いわゆる「三つの代表理論」を発表した江沢民その人であった。

江沢民時代に党の規約を変えて、共産党とは全国民を代表する党であり、資産階級の人たちも党員になる資格があることを認めてしまった。つまり、江沢民はそもそも「共産党が労働者の前衛党であり無産家階級の党」であることを放棄したのだ。

「三つの代表理論」以前の中国共産党員の数は約六千万人で、総人口の五%だった。それがいまでは七千万人近くまで急増しており、その増加分のなかには少なからず「新資産家階級」に成り上がったいわゆる民営企業家が含まれているものと思われる。

面白いのは、国有企業を民営化する過程で、国有企業の資産を引き継いだ民営企業のトップがもともと共産党員というケースが少なくないということである。党員が民間企業家になってしまったわけだが、これを党員から外すのは無理があった。

いずれにせよ、中国共産党は「プロレタリア独裁」という一つのテーゼを放棄した。だから党の支配の正当性および正統性を維持するためにイデオロギー的空白を埋める必要に迫られ、国民のナショナリズムを煽ることにより、それを達成しようとしているのだ。その意味で、国威発揚の場である北京五輪、上海万博はきわめて重要なイベントとなってくる。

中国人民のナショナリズムを刺激する方法としてもっとも効果的なのが、抗日時代の歴史教育である。また、祖国統一が政権の正統化の主要な柱となっていることから、台湾問題に関し柔軟な対応をとることがきわめて困難になっている。中国共産党を正統化するために、台湾統一が共産党のレゾンデートルになってしまっているからだ。

そしてここがまた重要なポイントなのだが、中国政府がなぜ抗日時代の歴史教育を熱心に行うかについては、その副次的効果として、四九年以来の共産党の大躍進、その後の大飢饉、文化大革命、八九年の天安門事件などの失政を隠蔽することを狙っているということが考えられる。

八五年の反ファシスト勝利四十周年の際、胡耀邦時代で最も親日的であったときでさえ、街頭に日本軍による虐殺の生々しい写真が多数掲げられた。胡耀邦が文革に対する評価を見直そうとしたことで、党内が分裂、胡の見直し論を封じるため、あえて抗日時代の残虐な写真を大衆に見せ、党による残虐行為の隠れ蓑としたのだ。

中国の内政上の必要性すなわち共産党の統治の正当性および正統性の裏付けのために反日教育

を行わざるを得なかったことが、今日の日中関係をより不幸にしてしまっている。

★社会各層の負け組に募る不満

中国国内においては、三十年経ったといえども、いまだ文革の後遺症は癒えておらず、一部の人たちに対する名誉回復は行われているものの、当時の多くの資産家が全財産を没収されたまま何の保障もなく放置されている。

また、既述した、上海に戸籍を持たない〝外地人〟の置かれた状況を見てもわかるが、これら外地人の子弟は三、四十万人おり、その三分の一の子弟が就学の機会すら与えられず放置されている。

世界銀行主催の「貧困削減に関するスケーリングアップ会合」に出席したウォルフェンソン前世銀総裁が上海での私的な集まりで、私にこう語りかけてきた。

「中国のいまの貧富の格差は社会的正義、道徳の観点から許容範囲を超えている。本来一つの国としてきちんと公平、公正な運営がなされるならば、このような差は開かない」

私もまさに同感なのだが、こうした外部からの指摘に対して、中国側からは、「高度成長の中で単純労働者の賃金が十年近くも上がらないのは、外国企業がこれら労働者を搾取しているからだ」と貧富格差の責任を外国企業に転嫁する批判的意見がボツボツ表面化してきた。これらの論調は近いうちに具体的なチャイナリスクとしてより顕在化してくるであろう。

この[illegible]国有企業等の責任[illegible]として安泰な地位が約束されてきたのに、二十数年におよぶ改革・開放政策に[illegible]じてしまった多くの党高級官僚の強烈な不満が渦巻いていることも見落とせない。

年金も老後の保障もあった国有企業勤務の数十万人におよぶエリート公務員の彼らは、民営化の荒波にさらされ、ある意味での「身分替え」を強いられた。公務員時代に持っていた特権、地位を失い、なによりも安定した生活を失った。採算の取れない国有企業の大半は破綻していった。

その一方で、民営化さらには外国資本の導入により、社会主義制度の下では求むべくもなかった膨大な利益を享受している高級官僚たちがいる。彼らは、巨大かつ採算性にすぐれていた国有企業が民営化する際、従来の国有企業の保有資産を民営化の過程で私的に取得して大儲けした。彼らはいわば勝ち組で、いまや我が世の春を謳歌しているのだ。外国企業と合弁して、大変な権力を持つようになった者もいる。共産党員の中で、「一部の勝ち組、その他負け組」という図式が明確にできあがっているのである。

上海の有名大学に全国から集まっている優秀な学生たちは、これらの状況を日常的に目にしており、多感な若者がこのような社会的不正義に対して矛盾や大きな憤りを感じていることは想像に難くない。

また、国家発展のためには高等教育を受ける人材が不可欠だとして、九九年から始まった大学および大専（日本の短期大学に相当）の入学者急増政策（従来の百四十五万人から九九年には二百十二万人が、〇三年には三百二十一万人が入学）により、〇四年の大学および大専卒業生の就職率は七三％まで落ちており、それ以前の卒業生が享受できた待遇と現実とのギャップのゆえに、学生の中にも大きな不安と不満が鬱積《うっせき》している。

入学生数を急激に増やしたため、政府の予算不足が生じ、このため学生が払う四年間の学費も跳ね上がった。現在、都市住民の平均年収の四・二倍、農村住民の十三・六倍以上もかかり、両親の大きな負担になっている。要するに、よほどエリートか裕福な家庭でないと、大学、大専に行かれないような状況となっている。

今後、この国の将来の発展を担っていく、社会的に影響力を持つ知識分子である学生のなかに不平不満が異様に広がっている現状は不気味である。

★深刻化する一方の失業と年金問題

中国の失業率は公式には四％程度と発表されているが、これも何らかの政治的意図を持って発表されたもので、実態とはかけ離れた数字である。まず、分母から農民は完全に排除されている。下崗（企業内失業）の人口もカウントされていない。統計上の数字はいくらでも操作できるわけで、まったくあてにならない。

農村では、就労年齢に達している農業人口から必要労働者数を引いた余剰労働者が一億六千万人もおり、彼らが都市に流入して、さまざまな矛盾を浮き彫りにしている。

中国各地で労働争議が頻発しており、〇〇年には十三・五万件であったのが、〇三年には二十二・六万件に急増している。〇五年七月十九日に発表された米国国防総省の報告書によると、〇四年に発生した「暴動」は少なくとも五万八千件にのぼっているという。

現在就業している人たちの間にも、将来の養老年金支給に対する不安が膨らむ。現在、養老年金の受給資格者が毎年三百万人増加しており、約三千六百万人が年金を受け取っているが、これらはすべて現在就業している人たちの年金積立金を先食いして払われているものとみられる。将来の受給者に対する積立金の財源は十分確保されていないのが現状である。

こうした年金に対する不安は、九〇年の養老年金納入者と受給者との比率が十対一であったのに対し、〇三年には三対一と、納入者の比率が激減していることからも裏付けられている。再三再四述べたように、これが二桁に近い経済成長を遂げながら消費が一向に伸びない大きな原因となっているのである。

★「負け組人民解放軍兵士」の恨み

国家の権力基盤となっている人民解放軍内部にも、勝ち組・負け組の対比が際立ってきている。

朱鎔基時代に人民解放軍は企業活動から完全に切り離され、従来行ってきた各種の合法・非合法活動による豊富な資金獲得の機会を奪われた。そのため、党としては軍の予算要求を受け入れ、毎年二桁台の伸びを認めざるを得なくなっている。

解放軍から企業を切り離した際、軍を離れ膨大な資産を形成した一部の「勝ち組の元軍人」と、逆に劣悪な企業を任され没落した大多数の「負け組の元軍人」に分かれ、負け組のほとんどは切り捨てられた。

また、軍人の数が八〇年代の四百三十万人から現在半分近くの約二百三十万人に削減されており、退職軍人の取り扱いが大きな問題になっている。九〇年代には江沢民政権下で百万人の削減、さらに、現在海軍、空軍を中心に、軍の装備近代化促進を理由に二十万人の削減を行っている。

九一年の湾岸戦争におけるアメリカ軍のハイテク兵器の威力を目の当たりにし、解放軍の近代化は急加速した。コンピュータを駆使できる学歴の高い兵士の育成と高額なハイテク兵器調達が不可欠と判断した解放軍中枢は、低学歴の農村出身兵士の大量削減に踏み切った。だが、そのことが地方の軍区を中心とする毛沢東以来の人民戦争の思想に基づく旧来型の軍人との対立を生んでいる。

このように数から見れば圧倒的多数を占める負け組の軍関係者や元軍人が、働き場所を求めるかのように、「共産党革命の原点に立ち返って台湾統一を急げ」と現在の指導部に対して、さまざまなかたちで要求することは、無理もないと考えられる。

加えて、本書で繰り返し述べてきたとおり、沿岸部と内陸部、華東・華南地域と東北地方、都市内部の地元の人間と外地人、大都市において強制移動させられる一般住民側と再開発して大儲けする大不動産企業側など、一般庶民レベルでもさまざまな貧富の格差が激しく拡大している。社会的な不公平がより深刻化し、社会の基層で不満が鬱積しつつあるのは疑いようがない。

★不満のはけ口として反日暴動を黙認する政府

共産党員にせよ一般大衆にせよ、鬱積する不満をストレートに共産党指導部への批判というかたちで表明すれば、直ちに当局から抑圧されることを皆歴史的経験として熟知している。一九一九年の五四運動（反日・反帝国主義運動）の例を引くまでもなく、この国には政権側が抑圧しにくい口実を見つけて不満の発散を行う歴史的な伝統がある。

しかし、今日問題になっているのは、反日をスローガンにしたデモで暴動が起きても、それを人々の蓄積した不満のガス抜きの機会としてとらえた当局が、逆に放置しておくことがあることだ。

その一例が〇三年十月、陝西省にある「西北大学」で起きた寸劇事件であり、〇四年夏の「サッカーのアジア杯」での出来事であった。

両事件に共通しているのは、いったん群集が暴力行為に走ってしまうと、当局がさらなる暴動の誘発を恐れて、取り締りに手心を加えることである。

上海総領事時代、反日感情が高まるなか、上海の各大学で「日中関係の重要性」を講演して回る筆者

　身柄の安全を保障されている日本の外交官の車が、警官がいたにもかかわらず破壊され、犯人は検挙されていない。実際には検挙されたかもしれないが、問題は当該犯人を逮捕し、処分した事実が人々に知らされていない。

　この結果、一般大衆が「愛国無罪」のスローガンの下に、反日行動すなわち愛国行動を錦の御旗にしている限り、少々の暴力行為をしても取り締まられないという間違ったメッセージを得てしまった。

　しかし、〇三年十月十八日に重慶市で中国人同士の些細《ささい》な諍《いさか》いから発生した騒乱の経緯をみると、社会に鬱積した不満は対日批判という口実を必要とするまでもなく、些細なきっかけで爆発してしまうほど臨界点に近づいていることがわかる。それゆえ、日本がらみのきっかけが与えられれば、不満のガスへの引火・爆発は二重に発生しやすい状態にあるといえよう。

しかしながら、西北大学、重慶での事件と北京におけるサッカーのアジア杯決勝戦での事件には違いが感じられる。前者はいわば一般大衆主導型の偶発的な事件であったが、後者は公安当局が数万人にのぼる警官と関係者を動員しながらコントロールできなかったことから判断して、相当組織化された動きであった可能性も排除できない。対日批判を口実とした何らかの組織的な反政府運動が中国全体に広がりつつあるのかもしれない。

★「撃ち方始め」と「撃ち方止め」

一九七〇年代初頭、日本の高度成長がピークに達し、日本企業が大量に東南アジアに進出した際、本来それほど反日的でないタイやインドネシアにおいて、わが国総理の訪問を契機に反日暴動が発生した。その背景には、これらの諸国における日本の経済的なプレゼンスが急激に高まり、多くの日本人の現地女性に対する傍若無人な振る舞いが、現地の若者の間に強烈な反日感情を起こしたとの指摘も見られる。

また、日本の六〇年代、七〇年代の高度成長期に反米運動や体制批判の学生運動の波が吹き荒れたことを想起すれば、一人っ子政策により甘やかされた現在の中国の大学生が、反日のスローガンさえ掲げればある程度許容されるとの認識の下に、もてあますエネルギーを爆発させようとするのも自然な現象かもしれない。

中国における潜在的な反日感情の存在と日本企業の急激なプレゼンスの拡大、さらには上述した共産党内部および一般大衆の間に鬱積する不満を考え合わせると、中国国内において、日本に関連した些細なきっかけにより、反日を口実に一挙にこれらの不満が爆発する危険性が常に存在するといって過言ではない。

むろん、八〇年代半ばにも教科書問題や靖国神社参拝問題をきっかけに、組織的な対日批判が行われた例はある。しかし、現在の状況と違っているのは、八〇年代においては共産党政権の党内および一般大衆に対する制御が有効に働いていたことだ。今日では二十年以上におよぶ改革・開放政策の成果ともいえる自由化が進行したのか、そうした制御力が急速に衰えている。

二十年前には、党ないし政府が組織的な対日批判運動の「撃ち方始め」と「撃ち方止め」をコントロールできたが、いまや「撃ち方始め」の合図はできても、「撃ち方止め」の力はきわめて弱まってしまった。それをもたらしているのが、三億台ともいわれる携帯電話の普及と一億人ともいわれるインターネットの利用者である。

したがって、中国指導部としては、組織的あるいは偶発的な反日運動が、社会の各層に鬱積した不満のはけ口として一般大衆を巻き込んだかたちで発展した場合には、これらのエネルギーが直接党あるいは政府批判に向かわないように、強硬な対日政策を取る危険性がきわめて高まっていると指摘せざるを得ない。

★二〇〇五年反日デモの真相

私の帰任後の〇五年四月九日に北京で発生した反日デモは、「日本の常任理事国入りに反対」をスローガンに掲げる、いわゆる「官製デモ」であった。報道によると、当初、反日団体が北京の秋葉原と呼ばれる中関村の海竜大厦前に数千人程度を招集してデモを行うと呼びかけており、彼らが第一グループといえた。

だが、実際には、「スローガンだけでは生ぬるい。もっと厳しくやれ、当局はより強硬な姿勢を示すべきだ」と主張する第二グループが集まってきた。その中には対日強硬派の軍関係者がいた可能性も否定できない。

直接のきっかけは、二月の日米安全保障委員会(双方の外交、防衛閣僚が出席する、いわゆる「2プラス2」)において、台湾海峡の安全は日米の共通戦略目標とすることに日本が同意したことだろう。日本が対台湾政策について、アメリカ寄りの立場を鮮明にしたことが、「祖国統一・台湾開放」を拠り所とする解放軍内の強硬派の強い反発を招いた。彼らからすれば、日米はEU諸国に圧力をかけ、EUの対中武器輸出を妨害している。これにしかるべき対抗措置を取る必要があり、それには「日米離間」を図る必要がある。最も有効だと思われたのが、中国側が米国は本音では歓迎していないと思い込んでいる「日本の国連安全保障常任理事国入り反対」であったのだ。

だからこそ、彼らは第一グループの官製のおとなしいデモに満足できなかったのだ。

そのため、途中で引き返さずに、一万人近くの群集が二十数キロ離れた日本大使館までデモ行進した。これは政府指導部穏健派に与えるプレッシャーにもなるはずである。その過程で、当初予想できなかった付和雷同型の第三グループが加わり、参加人数が膨れ上がっていった。暴徒化した彼らは、大使館のみならず、さらに数キロはなれた大使公邸にまで侵入する有様であった。

デモを呼びかけた反日団体のその後の反応を見ると、彼らの側から見ても予想外の人数が参加したとみられ、中国における大衆運動の制御の困難さが窺われる。

デモを規制する当局側も、これを無理やり抑えるとかえって暴走する恐れがあると懸念し、届け出以外のルートでデモ隊が行進するのを見逃した面と、デモ隊の反日スローガンに「日本の国連安保理常任理事国入り反対」を叫ばせて、対日圧力と国際世論への訴えに利用した両面があることも見逃せない。

日本大使館や総領事館への投石を誰がどのように始めたのか。テレビニュースを見るかぎり、当初石を投げ始めたのは学生などの若者たちではなく、中年以上の労働者風の男たちであった。周りの若者はそれを見て恐る恐る投石を始めた。

まったくの私見ではあるが、公安関係者がデモの参加者に投石までは規制しないとの暗黙のサインを与えた可能性もあろう。もしそうであれば、当局側もデモ隊の暴走を防ぐ配慮より、大使館のガラスを割ることによるガス抜きをあえて優先させたことになる。

上海市の歴史的建造物として指定されている日本国上海総領事公邸

一週間後の四月十六日に上海で起きた反日デモは、前日まで市当局が日本総領事館に「北京のような混乱は起こらない。安心してくれ」と自信を持って伝えてきたにもかかわらず、総領事館に対する破壊行為が制止できないほど暴走してしまった。このことから見て、当局の意志に反してデモを容認する勢力の存在があると判断せざるを得ず、ここもおそらく裏側で組織したのは解放軍関係者であった可能性も排除できない。

ここで面白い事実があった。

北京の暴動では、大使館と大使公邸の両方が襲撃された。上海では、総領事館は襲撃されたが、総領事公邸は無傷であったことだ。

なぜ、上海総領事公邸だけが難を免れたのだろうか。北京の大使公邸、上海総領事館の建て物は双方とも日本政府の予算により建てられたものだが、上海総領事公邸は清代末期の官僚兼実業家である盛宣懐ゆかりの洋館で、上海市の中でも最高位にランクされる歴史的建造物に指定されている。そこに違いが出たのではないかと思っている。

反日デモの勢いで、北京のように、「総領事館だけでなく、責任者の総領事が住んでいる公邸も壊そう」という声が上がってもおかしくはない。しかし、現実には、総領事公邸周辺はまったく無防備であったにもかかわらず、投石はおろかデモ隊も押し寄せなかった。そうさせなかったのは、そこが自分たちの貴重な財産であることを認識するリーダーたちがいて、彼らが制止したと考えるのが自然だろう。

したがって、上海のデモに関しては、北京と比較して、さらにより組織化された要素が感じられるのだ。

★反日デモの裏にある権力闘争

○五年四月五日は清明節（二十四節気の一つ。墓参りの日）だった。

第三の天安門事件発生を防止するため、北京市全体に厳戒態勢が敷かれ、当局はとくに学生のデモ活動を警戒していた。

周恩来は七六年一月八日に死去したが、その年の清明節では、天安門に周恩来を偲ぶ大衆が参集し、四人組を批判する標語を掲げた。四人組は、この運動を背後で仕組んだのは鄧小平だとして、鄧小平を表舞台から引き摺り下ろした。その後、今度は四人組が排除され、鄧小平が復活する政変が発生した。第一の天安門事件である。

八九年には、清明節直後に没した胡耀邦を偲んで天安門広場で行われた集会が、民主化運動に発展し、六月四日の血の弾圧が行われた。第二の天安門事件だ。

そうした過去を踏まえて、〇五年の清明節は、第二の天安門事件で失脚した趙紫陽が一月十七日に死亡していたこともあり、趙紫陽を偲ぶ運動が、第三の天安門事件、すなわち「六四天安門事件の再評価」を求める抗議デモに発展することを極度に懸念して、四月五日まで厳戒態勢が敷かれていた。

そして四月五日を無事乗り切って油断した翌六日、その隙を狙うかのように中国民間保釣連合会などのいわゆる愛国団体が、インターネットで九日の反日デモを呼びかけた。地方で休養中だった大学担当の教育部長、陳至立は、九日に急遽、北京に戻ってきた。

以下は私の仮説である。

たしかに八九年の天安門事件の評価をし直せといったムードは盛り上がっていたようだが、学生たちにしてみると、四月五日というタイミングはもろに現共産党指導部批判になるわけで、躊躇があった。かたやそれを察知した政府側は、彼らのガス抜きのための官製デモを急遽四月九日に用意した。つまり、当局は反日を学生らの不満のはけ口として使ったわけである。

今回の反日デモの背後に、政権中枢内部から具体的にどれだけの支援があったかは、必ずしも明確ではない。しかし、デモ隊が掲げた垂れ幕や、水、食料、その他の支給品が事前に準備されていたことから、何らかの組織的な資金援助があったことは否定できない。

江沢民から胡錦濤への形式上の権力移譲は終わったが、政権の中枢部には江沢民人事によって現在の地位に就いた多くの党官僚が残っており、鄧小平末期の前例に倣えば、当面の最高実力者は江沢民であるとみられる。

いまは、今後の胡錦濤人事により外される側、登用される側双方にとって自己の存在を訴える重要な時期にある。このような時期に、政権が建前上ノーといえない問題で揺さぶりをかけることは、これまでも常套手段として行われてきた。さらに、今後始まる実質的な権限移譲の過程で、鄧小平時代から始まった改革・開放政策のあおりで特権を徐々に奪われた負け組の党員が、分け前の分配を要求するために、自分たちの不満をぶつける機会を常に探っていることは想像に難くない。

ちなみに、江沢民時代の九八年、「三つの代表」理論を激しく批判していた吉林省張徳江書記が同年八月、民営化企業が最も多い浙江省の書記に抜擢された例があることを付記しておく。

第十二章——靖国神社参拝問題

★中国政府が抱える火種

○五年四月の初旬から中旬にかけて中国各地で反日デモが吹き荒れ、日本の在外公館および日本関連企業が激しい投石に遭った。中国側は、小泉総理による靖国神社への参拝が中国人の感情を傷つけ、デモの要因になっていると繰り返し主張した。靖国神社参拝問題がその一つであることは否定できない。

なぜ中国側が日本の総理大臣の靖国神社参拝にあれほど反発するのか。私はマスコミを含めて日本側はきちんと理解できていないのではないか、という隔靴掻痒《かっかそうよう》の思いを禁じえないでいる。

「選挙で選ばれた日本国民の代表たる総理が、A級戦犯が合祀された靖国神社を参拝してはならない」

中国側の主張は明確だ。A級戦犯が祀られている神社への日本国総理による参拝が、日中国交正常化の前提を崩すものであると考えているからである。

国のために戦った兵士をその国の最高指導者が慰霊すること自体は、中国共産党の指導者たちも理解を示しており、何ら批判的な意見を述べていない。少なくとも現状では、B・C級戦犯について問題にする動きもない。

中国がA級戦犯にこだわる理由は、七二年の日中国交正常化の際、当時の中国国民には認め難い条件で交渉が進められたことと密接に結びついている。

とくに賠償放棄は、戦争犠牲者の親族・縁者がまだ多く生き残っていた中国で、本来ならば国民の支持を得ることは難しい問題だった。

しかし当時は、毛沢東や周恩来といった強烈なカリスマ指導者がそれを可能にした。このとき周恩来が国内に向けて行った説得が、「先の日本軍による中国侵略は一部の軍国主義者が発動したものであり、大半の日本国民は中国人民同様被害者である」という理屈だった。

この対中侵略を指導した「一部の軍国主義者」であるA級戦犯を首相が参拝するとなれば、「七二年当時の日中国交正常化のロジックが崩れてしまう」というのが中国側の主張である。

つまり、靖国への首相の参拝を見過ごせば、国内向けに行ってきたこれまでの説明が破綻し、党・政府が苦しい立場に追いやられるというわけだ。

さらに、先の戦争を発動したとして極東国際軍事裁判いわゆる東京裁判で判決を受けたA級戦犯が合祀されている靖国神社を参拝することは、中国側からすれば、東京裁判の判決を受け入れたサンフランシスコ平和条約一一条を覆すことを意味するものであり、日本の過去の侵略行為を否定するのみならず美化・正当化する行為に等しいと映る。

中国が国家賠償を放棄したのは、それなりに理由があった。恐らく賠償問題を解決しようとすれば、国内的な調整は不可能に近かっただろうし、それよりも賠償を放棄することで、日本に歴史的な負い目を抱かせて、後に国益に結びつけるほうが得策と考えたのだろう。それは鄧小平の言葉にも表れている。

日本のマスコミはほとんど取り上げていないが、私が危惧の念を抱くのは、じつは国家賠償問題についてである。

現時点において、あからさまに国家賠償を求めよという声は上がっていないが、戦前中国に投資していた日本の海運会社や総合商社など民間企業に対して民間賠償を求める声は上がり始めている。中国人を日本に連れてきて強制労働させたゼネコンなどに対し、「われわれが受けた損害に対する賠償請求権については放棄したわけではない」と、九〇年代半ばから眠っていた日本企業に対する民間賠償訴訟が、再び提起され始めているのだ（なお、日本側の立場は「七二年の日中共同声明により処理済」というものだ）。

現在の日中政治関係の冷たさを考えると、これらの訴訟について、中国当局として原告敗訴にしにくい状況にあることは想像に難くない。日本企業側敗訴の判決がいったん出されれば、同様の訴訟が中国全土で燎原《りょうげん》の火のごとく広がりかねないことが懸念される。被告となった日本企業の資産差し押さえなどという不幸な事態も起こりうるわけである。もしもそのような事態になれば、日本の対中投資、経済活動が大混乱に陥るのは必至だ。

靖国神社参拝で中国が激しく反発する背景には、そうした恐ろしい火種が存在すること、ひいては、この問題が本当に日中関係の基礎を壊す危険を孕《はら》んでいることを、マスコミを含めて日本側は理解すべきであろう。日本側の対応については、後に詳述したい。

★胡錦濤政権が靖国問題にこだわる理由

先に述べたとおり、現在の国家主席・胡錦濤は、地方の指導者をしていた際、中央党校での研修を受けた。そのときの同窓が胡耀邦の息子の胡徳平だった。胡錦濤の伝記（楊中美著）によると、その関係で胡錦濤は胡耀邦と個人的に親しくなる。その後、党の総書記になった胡耀邦は、胡錦濤を共産党青年団中央書記処書記に抜擢し、これにより胡錦濤は十四年間過ごした甘粛省を離れ、中央政界入りを果たすのだ。

つまり、胡耀邦は胡錦濤の恩人である。その恩人であり最も親日的であった胡耀邦が、個人的な信頼関係を築いたとされる中曽根総理の靖国神社参拝問題で批判を受け、その後失脚してしまった。

それ以来、靖国神社問題は中国の指導者にとり、いわば鬼門となった感があることを再度指摘しておきたい。

江沢民前主席も、胡耀邦の前例があるので、小泉総理の靖国神社参拝中止をしつこく求めたものと思われる。胡錦濤主席にとって、この問題は自分の恩人の失脚に直接絡んでいること、さらに、ゲンを担ぐ中国人にとり、姓名が同じ「胡」であることもあって、心理的に重荷になっているものと思われる。

〇四年末、中国の最高指導者と会見した日本の財界人は、靖国神社参拝の中止を求める中国側の激しい要求に、このまま放置すると中国における日系企業の経済活動が阻害される恐れがあるとの懸念から、帰国後、日中関係の大局に鑑《かんが》みて参拝を自粛すべきであるとの声を上げた。

しかし、靖国神社参拝は「日本の固有の宗教観、死生観の問題であり、外国から干渉を受ける筋合いのものではない」との日本のマスコミを含む各界からの反対に遭い、さらに、右翼の街宣車によるさまざまな嫌がらせや脅迫まがいの脅しなどがあり、その声は急速に小さくなっていった。

一方、〇五年四月の激しい反日デモをきっかけに、中国で活躍する多くの在留邦人の安全および円滑な企業活動を確保する観点から、小泉総理の靖国神社参拝を中止すべきであるとの声が再び上がり始めている。

★なぜ靖国を参拝するのか

しかし、靖国神社参拝を巡るこれまでの日中間の経緯を顧《かえり》みると、問題はそれほど単純ではない。

中国側が繰り返し指摘しているA級戦犯の合祀問題については、八五年の中曽根総理による公式参拝に対する中国からの強い非難により、A級戦犯の分祀《ぶんし》も検討された。しかし、遺族、神社側の反対に遭い、その後も神社側は、そもそも分祀はありえないとの立場を取っている。

日本の首相は軍国主義を復活させようとする意図や、過去の戦争を美化しようとする目的から靖国神社に参拝しているわけではない。日本が力を注がなければならないのは、むしろきちんと「参拝する首相の立場」を説明することだろう。

実際、日本政府は八六年八月十四日に後藤田正晴官房長官の談話として、「参拝の目的は、靖国神社が合祀《ごうし》している個々の祭神と関係なく、あくまで祖国や同胞等のために犠牲になった戦没者一般を追悼」するためとはっきり語っている。

近年においては〇一年十二月、当時の福田康夫官房長官の下に、「追悼・平和記念のための記念碑等施設のあり方を考える懇談会」が設置され、靖国神社に代わる代替施設の建設が検討された。その最終報告書で「国立の無宗教の恒久的施設が必要」との結論を得たが、現在の国民感情に鑑み、簡単には国民から受け入れられないだろうとの見通しの下で、その具体化についてはまったく進展が見られていない。

小泉総理はこの問題を認識しつつ、中国が上記のような理由で繰り返し参拝に反対しているなかで、〇一年から五回、靖国神社を参拝している。中国の反対に対して、同年七月十七日の伊藤英成衆議院議員の質問趣意書に対する答弁書において、日本政府は小泉総理大臣名で「……あくまでも戦没者一般に対する追悼のために靖国神社に参拝することを考えており、……A級戦犯に対してされた極東国際軍事裁判所の裁判を否定することと等につながるものではないと認識している」と答弁している。

さらに、〇四年一月五日に行われた年頭の記者会見で、参拝の目的を総理自ら「日本の今日があるのは、……心ならずも戦場に行かなければならなかった、命を落とさなければならなかった方々の尊い犠牲の上に、今日の日本があるんだということを忘れてはならないと。そういうことから、過去の戦没者に対する敬意と感謝をささげると同時に、日本も今後、二度と戦争を起こしてはいけない、……という思いをこめて参拝いたしました」「近隣諸国からの批判に対しましては、これはそれぞれの国が、それぞれの歴史や伝統、慣習、文化を持っている……日本としては、戦没者に対する考え方、神社に対する考え方等、それぞれ日本には独自の文化があると、外国にはないかもしれないけれども、こういう点については、これからも率直に理解を求めていく努力が必要だと思っております」と述べている。

★「国の面子を捨てる国」と受け取られるな

現在、日中間には、靖国神社参拝問題以外に、台湾問題、尖閣諸島をめぐる領有権問題、東シナ海の資源開発問題等中国側から見て国家の主権にかかわるさまざまな問題がある。

もしも、総理がこれまでの中国側の非難に応じ、中国における在留邦人の安全あるいは日本企業の円滑な経済活動の確保を理由に靖国神社参拝を中止することになれば、中国側とくに政権内部の対日強硬派は、「日本という国は経済利益のためには国の面子も捨てる」と受け取ってしまう可能性がある。

日中間には中国側から見れば上記の主権がらみのさまざまな問題が存在しており、靖国神社参拝問題が参拝中止により解決したとしても、その後、他の問題で日中間の利益が対立すれば、中国内部の対日強硬派は靖国神社参拝中止の先例にならい、「日本側は過去の認識が間違っている。口頭の謝罪だけではなく、実際の行動をもって認識の過ちを正せ」との同じ論法で日本側に譲歩を繰り返し迫ってくるであろう。

やや極端な議論かもしれないが、国際テロリストが日中間のこのようなやり取りを見て、日本は経済的な利益のためには「国としての大義も捨ててしまう」国だと誤解してしまう懼《おそ》れもあるだろう。そうなると、外国における日本人の生命・財産を人質にしたり、日本企業を脅迫することにより、日本から経済的あるいは政治的な要求を満たそうとする国際的テロ行為を誘発する危険性すら出てくるであろう。

靖国神社参拝問題は、八五年八月十五日の中曽根総理による公式参拝、それに対する中韓両国からの批判による中断、九六年七月二十九日の橋本総理による私的参拝、それに対する中韓両国からの批判による中断という経緯を経て、前述のとおり、〇一年から五回繰り返されている。

もちろん、これは小泉総理による公約の履行という、小泉総理個人の考えに基づく個人的な行為であるとの側面は否定できない。他方、日本国総理が内外の反対の声を押し切って五回も参拝を継続した現実、およびそこに至るさまざまな経緯自体が、靖国神社参拝問題を、小泉総理以降の総理が政権交代したからといって参拝を中断してすむ問題でなくしてしまった。

参拝問題が「小泉総理」個人の問題を超え、「日本国総理」の参拝問題として次の総理の行動も拘束しているのではなかろうか。すなわち、今後日本国総理が参拝するかしないかは、中韓両国との関係でいわば日本国の面子の問題、さらにいえば国家の尊厳の問題にまで発展してしまっているのではなかろうか。

したがって、小泉総理の次の総理が自粛しようとも、その次の総理が参拝するかしないかが再び日本の内政上も、外交上も、大きな争点になることは不可避であろう。

☆A級戦犯の取り扱い

繰り返しになるが、靖国神社の参拝問題で、中国側はA級戦犯の合祀がとくに問題なのだとしている。中国側は、戦犯が祀られている神社を日本政府の総理が参拝することは、ドイツの首相がヒットラーやゲッベルスの墓を参拝するのと同じ行為であると主張する。ドイツの首相は絶対そのようなことはしないし、国際社会もそのような行為は受け入れられない、と世界に向けて小泉総理の参拝の不当性を訴えている。

これに対し、海外のメディアの一部は、中国のデモ隊による日本の在外公館に対する暴力行為を非難する一方、小泉総理の靖国神社参拝に対して、中国人が感情的に反発するのも、日本の過去に対する反省が不十分であることが原因であり、理解できる面もあると同情的なコメントも寄せている。

ただ各国にも「無名戦士」を祀る記念碑があり、国の代表が参加して追悼式が行われている。中国側も侵略戦争を発動した一部の軍国主義者の命令により心ならずも犠牲になった一般の兵士に対し、国の代表が追悼することを否定してはいない。

日本国民一般も、総理の靖国参拝を「違憲である」と反対する一部の人を除き、靖国神社を各国の「無名戦士の墓」と同等に位置づけている。さらに、「神社」に対する自然崇拝、あるいは民族的霊魂信仰からくる素朴な感情に基づき、国の指導者による靖国神社参拝を支持している人が多い。そのため、中国や韓国の強硬な批判に対し、日本人の素朴な民族感情まで踏み込んでくる行為であるとして嫌悪感を覚え始めているのが現状であろう。

いずれにせよ、A級戦犯合祀の問題をいかに解決するかが参拝問題の要諦である。

しかし、その前に、なぜA級戦犯が合祀されたのか、なぜ分祀できないのか、そもそも靖国神社とはいかなる神社であるかを十分踏まえておく必要がある。

靖国神社がいつ、どのように設立されたのか、合祀の対象をどのように選択してきたのか。およびA級戦犯が誰によりいつ合祀されたのか。これらの経緯を振り返ると、必ずしも靖国神社が各国にある「無名戦士の墓」と同等の施設ではないことが浮かび上がってくる。

靖国神社は、幕末の戊辰戦争で犠牲になった「薩摩・長州」の兵士を祀った「招魂社」を起源としている。その後、明治政府が成立し、九段上に招魂社を移し、明治天皇の命名により「靖国神社」が設立された。その後、敗戦までは主に陸軍省および海軍省が管理してきた。

したがって、戦争の犠牲者といっても、戊辰戦争で朝敵となった白虎隊や西南の役の西郷軍の指導者である西郷隆盛などは祀《まつ》られていない。また、天皇の臣下である軍人が対象であるので、皇族の軍人は本殿ではなく別の祀られ方をしている。

他方、日露戦争で活躍した乃木希典や東郷平八郎は「戦死や戦病死」していないので祀られていない。満州事変以前は軍人のみを対象にしていたが、それ以降は軍の命令に従って犠牲になった軍属も対象になった。戦後その対象がさらに拡大され、「準軍属およびその他」も戦闘地域で戦没した場合は対象になり、終戦のドサクサで戦闘に参加させられた満州開拓団、ひめゆり部隊の学徒兵や従軍看護婦も合祀の対象になっている。


戦犯の合祀について、靖国神社は五二年の戦傷病者戦没者遺族等援護法で、戦犯死亡者も一般戦没者と同じように遺族年金が支給されるようになったことを理由に、一九五九年以降B、C級戦犯を次々と合祀してきた。

A級戦犯についても、刑死した東条英機元首相以下七名と東京裁判中および拘留中に死亡した小磯国昭元首相以下七名の計十四名のA級戦犯を、厚生省（当時）が靖国神社に提出したリストでB、C級戦犯と同じように援護法対象者になっていることを理由に、神社の崇敬者総代会に諮《はか》ったうえ、七八年十月十七日になって合祀した。

これらの合祀は遺族の同意を必ずしも得ていない。ましてや天皇陛下の霊璽簿《れいじぼ》で裁可されたものでもない。靖国神社は、宗教的理由あるいは遺族の意思に反しているとして合祀取り下げを要求しているキリスト教や仏教信者、朝鮮系の元軍人軍属の遺族の願いに反し、いったん祀った祭神をはずすことはできないと一貫して拒否してきている。

このことから、靖国神社側はたとえ遺族から要請があったとしても、A級戦犯の合祀取り下げを今後とも拒否し続けるものと見られる。

★靖国参拝問題の解決私案

無名戦士の骨を祀ってある千鳥ケ淵戦没者墓苑を、外国の「無名戦士の墓」に相当する場所、国家のために命を捧げた英霊を追悼する場所とするのが、国際的に見ても中韓からの反発が見られないことからも、もっとも相応しいのかもしれない。

しかしながら、誰かの作為か不作為か判然としないが、千鳥ケ淵戦没者墓苑が設立されて以降、同墓苑は日本政府および国民一般からそのような施設として認知されるに至っていない。この現状を見れば、福田元官房長官の下で検討された靖国神社の代替施設の建設も、現実的な解決方法にはならないだろう。
中国、韓国からの圧力で靖国神社への参拝を中止したということになれば、日本国民一般の中に、日本人の素朴な民族的習俗的習慣に外国が干渉してきたとの屈辱感が蓄積され、今後の対中国、対韓国関係にも悪影響を及ぼしかねない。したがって、「靖国神社参拝中止」「A級戦犯分祀」「代替施設の建設」以外の、日中韓の三者にそれなりに評価もされるが不満も残る、いわゆる三者痛み分けの第四の道を模索するしか出口はないのではなかろうか。

その第四の道とは、まず靖国神社が「日本民族独特の宗教」であることを明確にすることに他ならないと考える。

神道は、仏教、キリスト教、イスラム教などの普遍性を持つ宗教と異なり、日本人のみが自動的に氏子《うじこ》になる「排他的な自然崇拝的な宗教」であることを、中韓両国のみならず、世界のマスメディアに対して明らかにする必要がある。

神道には特定の教祖はおらず、教理より祭祀、儀礼が重視されている。これが靖国神社のように、本人や遺族の意向に関係なく、さらにはその意向に反してまで合祀されてしまう所以であろう。

この個別民族の素朴な自然崇拝に基づく〝神道の持つ特異性〟への認識を高めたうえで、A級戦犯が合祀されている神社への参拝の意味について、総理自らが再三再四、世界に向かってわかりやすく明確に説明することである。

既述したとおり、日本政府は八六年八月十四日、後藤田官房長官談話において、中国からA級戦犯参拝についての強烈な批判に配慮して、「……参拝の目的は、靖国神社が合祀している個々の祭神と関係なく、あくまで祖国や同胞等のために犠牲になった戦没者一般を追悼し、併せて、我が国と世界の平和への決意を新たにすることであった」と明らかにしている。

また、日本遺族会も八六年五月三十一日に声明を発表し、戦犯の合祀の意味について、「靖国神社も国民も、戦犯と呼ばれる人々を特別に顕彰する意図はなく、一軍人として、一公人としての立場において国に殉じたものとして合祀しているのである。これはわが国の民族習俗に基づくもので、民俗信仰ともいえる」との立場を明らかにしている。

繰り返しになるが、小泉総理も、〇四年の年頭記者会見において、「心ならずも戦場に行かなければならなかった、命を落とさなければならなかった……」と参拝の対象を「戦場でなくなった戦没者」と限定する表現を使っている。この考えは、〇五年八月八日の衆議院解散に際して行われた総理の記者会見でも引き継がれていると考えられる。

したがって、私は、中韓からのA級戦犯参拝への批判に対し、総理自らが、あるいは官房長官が、中韓両国のみならず世界の世論に向けて、次のように明確に述べる必要があると考える。

「靖国神社は、日本国民一般の中に各国で戦没者を追悼する『無名戦士の墓』と同等の施設として定着している」

「靖国神社への参拝は、これらの無名戦士を追悼し、平和の誓いを新たにすることにあり、決して A級戦犯を『顕彰する』意図はない」

「東京裁判の結果を否定したり、侵略戦争を否定したり美化したりする意図はまったくない」

「A級戦犯を分祀することができないのは、憲法が保障する宗教の自由に基づき、宗教法人が決定したA級戦犯の合祀を、公権力により変更することはできない。これが自由民主主義に基づく法治国家としての制約である」

さらに、「神社は、日本古来の民族的な感情に基づき、霊を慰めるための場所、すなわち鎮魂、鎮霊の場所である」ことを説明する必要があろう。

たとえば、元朝による最初の侵攻である文永の役の後、当時のフビライ帝は二度にわたり降伏を迫る使者を鎌倉幕府に派遣した。しかし、北条時宗はこれらの使者の首を刎《は》ねることを命じた。それを受けて二度目の弘安の役が起こったのであるが、時宗は、これらの使者計五名を、「敵の使者といえども、元朝にとっては愛国者である」として、その霊を慰めるために藤沢市の常立寺に祀った。

そして我が国は、その墓を七百三十年以上にわたって守ってきており、〇五年四月十五日、横綱朝青龍関が同胞の墓としてお参りしている。

また、沖縄の「平和の礎」は敵味方を区別することなく、すべての戦闘の犠牲者の名前を等しく碑に刻み、追悼の対象にしている。

このような歴史的、文化的背景を中韓に対してのみならず世界に対して説明し、A級戦犯の合祀が慰霊ないし鎮霊であり、その行為を顕彰したり、正当化したり、ましてや美化するものではないことを繰り返し説明する必要があろう。

靖国神社には、六五年、本殿の横にある元宮（靖国神社の元になった招魂社を移したもの）に隣接して鎮霊社が設置されている（千鳥ケ淵戦没者墓苑が設立された五九年の後に設立されており、設立の動機について別途究明する必要があろう）。

鎮霊社は、日本の戦没者ではなく、日本以外の戦没者の霊を慰めるために設けられた社《やしろ》である。

小泉総理が今後、靖国神社に参拝する際には、上述のとおり、A級戦犯の扱いにつき世界の世論が納得できるかたちで説明するとともに、本殿に加え鎮霊社をお参りし、世界の戦没者に対し追悼の意を表すことにより、靖国神社参拝の目的が平和の誓いであることを強調されることを勧めたい。

その際、忘れてはならないのは、神社の本殿の右側にある遊就館《ゆうしゆうかん》の取り扱いである。同館の展示物や主張は、たとえば中国の東北地方について「現在は中国が支配し、東北部と称している」などあたかも中国の領土でないような表現をしている。常時、館内で流されているVTRでも在留邦人保護のために出兵しているとの説明が流されており、全体の趣旨が第二次大戦が聖戦であり、自衛の戦争であったとのトーンで総括されており、中国への侵略行為が美化されている。

これらの展示物や説明を見れば、中国人や韓国人のみならず連合国側の欧米の観光客も不快感を覚えてしまうだろう。本質はA級戦犯の合祀にあることは間違いないので、遊就館が示す歴史観についても、なんらのコメントなしに神社を参拝すれば、これらの歴史観を受け入れて参拝しているとの誤解を生んでも仕方ないことであろう。

したがって、遊就館や靖国神社が喧伝する著作、パンフレットに盛り込まれた歴史観は、「心ならずも戦場で国のために命をささげた一般兵士に対し誠をささげる」行為とは相容れないものであることを、参拝の際に同時に明確にしておく必要があろう。


以上のような問題をはらんでいるにもかかわらず、〇五年十月十七日、小泉総理は、靖国神社の拝殿を私的に参拝した。これに対し、中国側は激しく反発し、これまで応じてきた国際会議の機会に行ってきた二国間の会談も拒否するようになった。

そして、〇六年になり日中友好七団体訪中団に対し胡錦濤主席は、ポスト小泉の総理も靖国神社を参拝すべきでないとの立場を明らかにした。これら中国側の対話を一切拒否する態度は誤っているが、ポスト小泉の総理の行動にも大きな暗雲を投げかけてきている。

このような中国側の、内政干渉がましい態度に対し、ますます対中嫌悪感が高まり、参拝問題の解決を困難にしている状況を前に、私は、最後には、A級戦犯の合祀問題に触れざるを得ないのではないかとも考えている。

上述したとおり、靖国神社側は、いったん合祀した魂を分祀することはありえないと主張するが、では何に基づいてそういっているのであろうか。その根拠が不明確である。先述したとおり、靖国神社の歴史の中で、合祀の対象すら時代を変遷する過程で大きく変わっている。ここは政治の力よりも世論の力によって、日本の国益を守る観点から、靖国神社に分祀あるいはそれに代わる実質上のA級戦犯の御霊の移譲を実行するなんらかの手立てを考えてもらう必要があろう。日本神道が本来備えもつ柔軟性を発揮すべきときなのではないだろうか。

第十三章——中国経済の構造上の問題

★富の再分配が機能せずに生まれた三重格差

「第十章　搾取される農民」で述べたように、中国では農民とは農業に従事する職業的なカテゴリーというよりは、「身分」を表している。

繰り返しになるが、都市住民は、生活最低保証、失業保険、養老年金、一定程度の医療保険等、路頭に迷わないための最低限の社会保障の対象になっている。だが、「農村戸口」と呼ばれる戸籍に分類された農民は、現在の生活の根拠が農村部にあろうが都市部にあろうが、都市戸籍を持っている人々が享受している社会保障の対象外となっている。

ただでさえ都市住民との間に相当な所得格差があるにもかかわらず、地方政府からさまざまな制度外費用を徴収されるうえに、割高なインフラ料金を払わされる。労働奉仕の義務を課せられる。さらに、出稼ぎに出た都市で受ける差別など、実際、都市と農村の格差は正視に耐えないほど拡大している。

だが、中国の格差社会は当然それだけに留まらない。このほかに、改革・開放政策により経済発展を続けて豊かになった沿岸部（東部）と内陸部（中西部）の格差、都市の中における貧富の格差――この「三重の格差」こそが、中国が抱える大きな構造問題として横たわっている。

二番目の地域の格差についてＧＤＰ値で比較してみると、おおよそ東部地域一に対して中部地域は二分の一、西部地域は三分の一となっている。経済成長率においても、東部と中西部では二ポイント近くの差があり、格差は歴然としている。しかも、東部のほうが依然成長率が高いので、この格差はさらに拡大している。

三番目の都市における貧富の格差も開く一方だ。改革・開放の進展により、沿海都市では富豪が次々に誕生したが、税の徴収体制の不備もあり、彼らはほとんど個人所得税を納めていない。公務員にしても、給与所得以外のさまざまな手当、各種の役得については計上されていない。他方、都市には最低生活を営む者が二千万人ほど存在しており、その格差が多くの悲劇を生んでいる。

社会科学院の調べでも、社会における所得分配の不平等の度合いを測るジニ係数（ゼロに近いほど格差が少なく、一に近いほど格差が大きい）は、八一年〇・二八一、八八年〇・三八二、九八年〇・四五六、〇二年〇・四五八、〇五年にはついに〇・五を上回るなど一貫して格差が拡大している。

また都市の所得集団別の格差を見ると、最高位二〇％の集団の総収入と最下位二〇％の集団の総収入との格差は九〇年の四倍から〇〇年には十二倍に拡大している。この結果、都市の最高位二〇％の集団は個人金融資産の六割近くを占めているのに対し、最下位二〇％の集団は二％にも満たず、その格差は三、四十倍にも達している。

なぜ中国はこのように極端な格差社会になってしまったのか。

さまざまな意見があるだろうが、なんといっても一番の要因は、八〇年代初頭、鄧小平が改革と開放政策を始め、条件のよいところから豊かになることを許容する政策（先富論）を打ち出したことにある。当然の結果として、条件のよい東部沿岸地域の都市に投資が集中し豊かになり、それが相乗効果を生んで全体を引き上げるはずであったが、現実には極端な格差を生んでしまった。その最大の原因は、再三述べたように、社会主義を標榜しながら富の再分配のメカニズムがまったく働いていないことに集約されよう。

★金を貸すバカ、返すバカ

税の執行が不十分であることが、都市における貧富格差の拡大の大きな原因の一つになっている。

個人所得税には一応、累進制が制度として採用されているものの、高額所得者に対して適切な課税がほとんどなされていない。収入のルートも多様であり、税務当局がこれらを把握しておらず、税の所得再配分機能がうまく働いていないのである。

また、銀行口座の名義、動産、不動産の所有権者の名義の登録制度が未整備であり、個人の財産の特定ができない。したがって、固定資産税の導入が困難であるほか、贈与税や遺産相続税も未整備のままであり、導入の目途は立っていない。つまり、現在の税制度の下では世代が交代するたびに、富裕層はより富裕になっていく仕組みになっている。

中国の現状をたとえていえば、共産党一党独裁制度の旗の下、封建主義の原野に敷かれた特殊な中国的社会主義のレールの上を、弱肉強食の原始資本主義という列車が、石炭を猛烈に浪費しながら、モクモクと煤煙を撒き散らし、ゼイゼイいいながら走っているようなものだ。信用がすべてという市場経済の根本ルールが確立されないまま、ビジネスだけが先行してしまったのだ。たとえば、日本では銀行取引で不渡り手形を二回出せば取引停止、ビジネスはゲームオーバー、倒産となるが、中国はそうならない。ある銀行で不渡りを出しても、別の銀行からの融資を平気で受けられる。人治主義、情実主義の世界であるという以前に、市場経済のシステムがまったく機能していないのだ。

したがって、こうなると何でもありだと考える人たちも当然出てくるわけで、世上、「金を貸すバカ、返すバカ」という言葉が流布されている所以でもある。要するに、金を人に貸すならば、あげたつもりで貸さねばならない。借りた金は返さないのが原則なのに、返すとは馬鹿げている、という風潮が少なからずある。

また、中国企業の経理担当者に対する評価基準とは、「いかに払うべきものを払わないで済ましたかだ」などと巷間いわれてもいる。

誇張されているきらいもあるが、ことほど左様に市場経済の原則に照らしてみて、中国ビジネスの現場で異常なことが起きていることは否定できない。

そして、土地の使用権の評価が明確でないことが、混乱にますます拍車をかけている。中国のすべての土地の所有権は国家に帰属するわけであるが、使用権となると、その中身はまったくのケース・バイ・ケースで、ルールらしきものは存在しない。

たとえば、朱鎔基が行革の一環で持ち家推進政策を進め、それまで官舎だった物件を払い下げることになった際、職位の高い公務員ほど高い割引率で住宅を購入できた。ひどい例になると、市場価格の二十分の一から三十分の一であったという。

では、こうした役得で購入した使用権付きの住宅を市場で売買できるのだろうか。鵜呑みにはできないが、知り合いの役人によると、それなりの制限は一応あるという。本人の子供には相続できるとか、役所の内部での売買は可能であるが、役所外部に売りに出してはならないとかの制限はあるらしい。

だが、これは単なる内規であり、法律で決められているわけではない。それ以前の問題として、こういう物件の価値をどう評価するかがそもそも決められていない。

逆にいうと、評価基準がないのだから、この住宅の所有者が亡くなった場合の相続税、譲られた側にかける贈与税をかけようがないわけである。

これはほんの一例だが、企業や個人の資産をニュートラルに評価する体制づくりが遅れていることが、結局、金持ちをますます金持ちにさせることになり、格差拡大を勢いづけることになる。

★実質失業率は不明

九八年、朱鎔基前首相の下で国有企業のリストラが断行され、失業者、一時帰休者が大量に発生した。

国有企業の都合により失業者となった者は、都市によりブレはあるものの、二年間は給与の七割程度を支給されるが、その時限措置が切れると生活最低保障（上海市で五百元程度）に切り替えられてしまう。

企業内余剰労働者として一時帰休となる者は中国語で「下崗」と呼ばれる。給与を八割程度支給されながら、再就職センターの斡旋を待つ身だが、三年以内に再就職できなければ、完全失業者の扱いとなる。「下崗」に関する数字はさまざまあって、〇三年には六百万人説が一般的だったが、現在どこまで増大しているかは不明だ。

中国政府は〇五年の失業率を四・二％と発表しているが、この数字も例によってまったく信用できない。なぜならば、この数字は都市戸籍者で再就職センターに届けを出している者だけが対象となっているからで、届けを出していない者、「下崗」となった者は対象外であるからだ。

要するに、数字の操作はいくらでもできるわけで、政策批判されない程度に数字をつくっているのが実態であり、まったく意味のない誤魔化しである。実際の失業率は少なくとも十数%に達するのは確実と思われるが、それも一億数千万人の余剰労働人口を数える農民を除外した数字なのだ。

失業者が頼みの綱とする再就職斡旋センターがきちんと機能していないのも、問題を大きくしている。日本のような中小企業庁、中小企業金融公庫、中小企業診断士制度などもなく、都市における中小企業、サービス産業の育成が不十分であり、創業手続きも煩雑であるため、失業者、一時帰休者の吸収がうまく進まない。中国の社会がコネ優先の人治主義の側面が強いこともマイナスに働いている。

また、都市部においての労働力の需給ミスマッチも失業者増に拍車をかけていると思われる。産業構造のハイテク化、情報化が急速に進展するなか、企業の高度技能労働者への量的・質的要求が高まっている反面、これに労働供給側が対応できずにいる。他方、地方から無尽蔵に供給される単純労働者の基本給は十年以上も据え置きのままとなっているのが現状だ。

二十年近く一〇%前後の経済成長を達成している中国が長年安価な労働力を外国企業に提供できる理由はそこにある。

★投資と消費のアンバランス

○三年、○四年、○五年の「全社会固定資産投資」の伸びがそれぞれ対前年比二八・四％増、二五・八％増、二五・七％増であるのに対し、「社会消費品小売総額」の伸びは九・一％増、一三・三％増、一二・九％増にすぎない。

○五年の消費者物価上昇率を見ると一・九％にとどまり、投資の伸びの割に物価がきわめて安定していることがわかる。これは投資拡大によって市場に大量の製品が放出されているにもかかわらず、製品の買い手が少ないことを意味する。

○五年一～十月期も投資の伸びは前年同期比二八・六％増と高水準であり、不動産開発・鉄鋼・自動車・アルミ・セメント・電池・コークスといった一部の業種において盲目的投資・低水準の重複建設が続いている。これらの業種に対して○四年春には、中央政府から繰り返し抑制するようにとの指示が出ているが、まったくその効果が見られず、投資過熱が問題となっている。

一方、消費の伸びが減速したのは九八年以降であるが、九六年来の豊作で、食料買い上げ価格が調整され、農民の収入がこの年より急減したことに加え、都市部においても以下の事情が指摘できよう。

朱鎔基内閣が誕生、国有企業の住宅保障制度の廃止や、医療保険などの社会保障機能を分離し、三年以内に再就職できない余剰人員をリストラするなどの大胆な経済改革を推進した。このため、国民の将来に対する不安が一挙に高まり、国民の貯蓄率は四六%まで高まり、全金融機関の貸出残高が二一・五三兆元であるのに対し、貯蓄残高は三一・八五兆元にものぼっている(〇六年六月末現在)。

都市部においても、国有企業のリストラの加速により、失業者・一時帰休者といった貧困層が大量発生したことに急速な高齢化と一人っ子政策の影響が加わり、年金受給者と年金積み立てをしている給与所得者との比率が九〇年には十対一であったのが、二〇〇三年には三対一となっており、日本同様、年金制度は実質破綻状態に陥っていると見ていい。

遠くない将来、一人が八人の面倒を見なければならないという試算もあるほどで、そのため、将来の不安から、貧困者のみならず一般の給与所得者の間でも消費を控える傾向が強まっている。

都市における中産階層以上の消費は飽和状態にあり、新規消費需要は自動車、住宅、IT関連といった特定分野に限定されている。

〇四年上半期主要商品需給分析報告によれば、主要六百品目のうち需給均衡が百三十八品目で全体の二三%、供給超過が四百六十二品目で全体の七七%を占めており、供給不足は存在しない。

そもそも中国の計画経済は、国家計画委員会(現在の国家発展改革委員会)の計画に基づき、全国の国有企業が生産活動を行ってきた。生産のノルマさえ順調に達成されていれば、生産された製品が最終的に不良在庫として納入先の倉庫で眠っていようと、責任をとらなくてもよい体制になっていた。つまり、それはその先にある分配する側の責任で、そこで責任の所在が完結していた。

国有企業は各計画委員会系統の指令に従ってさえいれば、何の苦労もなく国から予算が割り当てられた。新規投資が上の機関から承認されれば、必要な新規信用供与が自動的に行われる仕組みになっており、制度上、投資に対する制約がまったく欠如していたのである。

また、これまでは社会主義の建前上、労働者の権利が最も保障されており、基本的に失業が存在しない体制になっていた。企業倒産による失業の大量発生はあってはならない事態であった。だから、破産法制が未整備だったのだ。

だが、余剰労働人口が増え続け、このような体制を維持し続けることは、中国の財政上不可能であることが明らかとなって、朱鎔基総理は動いた。総理就任直後から大胆に社会主義の原則を曲げてまで、国有企業の改革に着手した。

その決め手がＷＴＯへの加盟であり、朱鎔基の本音は、「中国経済の発展のためには、お荷物となった国有企業を潰す」ことであった。

ＷＴＯ加盟により、国有企業は外国企業との苛酷な競争に晒《さら》される。競争に負ければ敗退しなければならないとの原則を甘受しなければならない。すなわち国有企業も倒産することを、いわば外からの圧力により国内に受け入れさせたわけである。外圧を利用した構造改革であった。

しかしながら、結果的に朱鎔基改革は道半ばで、温家宝総理へとバトンタッチされることになった。

これまで大釜の飯を食べることに慣れてきた国有企業からすると、計画経済下でのぬるま湯から抜け出す準備ができておらず、正常な市場経済原則が働かず、いまだに過大投資のメカニズムが中国全体で続いている可能性が大きい。

とりわけ地方では、地方政府、国有企業、金融機関のそれぞれの指導者間に、もたれあい、馴れ合いの人的癒着《ゆちゃく》が強く、依然として旧体制下の指令性経済の遺制が色濃く残っていることは否定できない。

★産業構造と資源・エネルギーのアンバランス

以下はきわめて細かい数字であるが、中国社会主義の非効率性を統計的に表したものであり、関心のある方は参考に願いたい。

○三年の産業別付加価値の伸びは、第一次産業が対前年比二・五％増、第二次産業が一二・五％増、第三次産業が六・七％増であり、第二次産業のＧＤＰへの貢献が七九・一％にも及んだ。

通常、高度成長が一定期間続くと第三次産業が急速に発達してくるものであるが、中国では依然第二次産業偏重の成長が続いており、これが雇用の吸収力を弱めている。

中国において第三次産業の発達が遅れた原因としては、以下の点が挙げられよう。

もともと社会主義経済は生産第一主義なので、第三次産業の地位が相対的に低かった。中国の場合、儒教の伝統的価値観も加わり、第三次産業はさらに軽視される傾向にあった。

そして、第三次産業の主たる担い手は中小企業であり私営企業であるが、中国の産業政策は国有大企業、国有中堅企業が中心であり、私有財産の保護も法的に十分保障されていなかったために、その発展が阻害されてしまった。

また、金融機関は信用力の低い中小企業、私営企業に融資をしたがらない傾向が強く、創業のための許認可手続きが煩雑であったことも大きく影響した。

地方政府の地域主義、保護主義により、中国の市場が分断されてきたことも、広域流通業の発展が阻害された大きな要因であろう。


〇三年の経済成長率が九・三％であったのに対し、電力消費が対前年比一五％増と経済成長をはるかに上回ったため、〇三年夏以降、電力不足が深刻化した。国家発展改革委員会の張国宝副主任によれば、〇三年末で二十一の省で電力が逼迫し、うち七省はかなり深刻であった。〇四年一～六月期も二十四の省（区・市）で電力制限が行われており、〇四年七～九月期の電力不足は三千万キロワットといわれている。張副主任によれば、全国の電力逼迫局面が根本的に好転するのは〇七年以降とされる。

また、〇三年の石油消費量が二億七千三百八十九万二千トン（対前年比一一・五二％増）と急増したため、石油輸入量は九千百十二万六千三百トン（同三一・二九％増）と世界二位になり、現在、中国の石油輸入依存度は約三五％にも及んでいる。

また、〇三年の石炭生産は十六億トン（同一五％増）と過去最高記録となったが、工業と電力が石炭を奪い合ったため、依然として不足状況が続いている。これに伴い石炭輸送も逼迫し、主要鉄道幹線は一〇〇％に近い稼働率となっている。

国家発展改革委員会の馬凱主任が〇四年三月八日に行った記者会見によれば、中国のＧＤＰが世界に占めるシェアは約四％に過ぎないのに対し、鋼材消費は世界の二七％、石炭消費は三一％、セメント消費は四〇％、アルミ消費は二五％、石油消費は七・四％を占めている。

一方、国務院発展研究センター中国エネルギー総合発展戦略・政策研究課題小組が発表した「国家エネルギー戦略の基本構想」によれば、現在、中国のエネルギー支出はＧＤＰの一三％を占め、米国の約二倍の高率である。また、ＧＤＰ一万元を生むためのエネルギー消費は日本の九・七倍、世界平均の三・四倍である。

これはまさに盲目的投資と低水準の重複投資がもたらした必然的結果といえよう。

馬主任は、前述の記者会見でその一例として、〇三年に新たに建造された精錬高炉は八十一基に及ぶが、そのうち一千立方メートル以上の合理的な規模の高炉はわずか六基であることを明らかにしているし、〇三年八月二十日に学習時報に語ったところでは、自動車についても二十三の省区で生産ラインが建設され、全国に百二十三ある自動車メーカーのうち年間五万台以上を生産できるのは十八社にすぎず、その他は一万台以下であり、百十台しか生産できないところもある、としている。

また、〇三年十二月二十二日の人民日報インタビューでも、セメントの総生産量のうち技術の立ち遅れた生産がなお七五％以上を占めていること、電解アルミの現有能力は五百四十六万トンとすでに需要を超過しているが、なおも建設ないし計画中のものが約五百万トンもあること、粗鋼生産のトン当たりエネルギー消費は世界先進水準より一五～三〇％高いこと、鋼鉄生産能力はこのままでは〇五年には三・三億トンに達し、需要を完全に上回ってしまうことなどを警告している。

加えて、馬凱主任は、中国の粉塵排出量は世界先進水準の十倍であることを認めている。

また、国務院発展研究センターによれば、中国のNO_2、CO_2の排出量はそれぞれ世界一位、世界二位であり、酸性雨が降る国土面積は八〇年代から九〇年代半ばにかけて百万平方キロメートル余り拡大した。年平均でｐＨ五・六以下の降水がある国土面積は全国の三〇％前後を占める。内外の研究機関によれば、大気汚染がもたらす経済損失はＧＤＰの三～七％に及ぶとされている。

また、これ以外にも、水質汚濁の問題は使用可能な水量を必要以上に減少させてもいる。このため、胡―温体制は、水問題を含め循環型経済社会の構築を重要課題としている。

以上に掲げた数字が表すのは、中国の経済成長は「エネルギー・資源多消費型」の成長であることである。それは一目瞭然なのであるが、それ以上に、資源とエネルギーを無駄遣いしていることのほうが深刻である。それはとりもなおさず、このような無駄遣いのうえに成り立つ成長は、持続可能ではないということである。

いずれ、上記に数例あげた環境問題に限らず、きわめて広範囲でさらに深刻かつ劣悪な環境汚染問題を引き起こすことは不可避である。それを処理する将来の負担は膨大なものにのぼり、中国にとり耐え難いほどの財政負担として跳ね返ってくるであろう。

★なぜ不動産バブルとなったのか

何度も繰り返しているが、中国共産党統治の「正当性」を確保するためには、第一義的に経済成長の維持とそれに伴う国民生活水準の向上を追求せざるを得ない。

中長期的なマクロ経済の運営上、長期持続的な成長を図ることがもっとも望ましい政策目標である。しかし、貧富の格差などにより社会不安が起こっている現状では、中長期的な目標を追求する余裕はなく、現在の指導層にとって、目の前の短期的な高い経済成長率維持が中国共産党の正当性維持にとっての至上命題となっている。

これら任期五年の党大会のサイクルの中で結論を出す必要に迫られている指導者たちにとり、五年間で成果をあげるために一番てっとり早いのは、工場や住宅建設を中心とする固定資産投資を積極的に行うことにより経済成長率を上げることだった。不足部分については外国企業に頼ることで、短期的な経済成長の目標を達成してきた。

こうして経済成長率を高めることが、国家レベルから地方レベルまでの各指導者の至上命題となり、その達成度が評価基準になった。消費が伸びなくてアンバランスであろうが、固定資産投資を伸ばせば一定の成績を上げられることから、彼らはそうした政策に走らざるを得なかった。

だから、不良債権の処理についても、本来とは逆の方向にベクトルが向いてしまった。貸出総額（分母）のうちの不良債権（分子）を減らすことが本来の姿なのだが、彼らは経済成長という至上命題を与えられているため、逆に分母を増やして、結果として不良債権比率を下げようとしたのである。

朱鎔基は九八年末に人民銀行の大区分行（支店）制改革を行ったが、これはかえって人民銀行地方分行の国有商業銀行地方分行に対する監督機能を弱めることになった。権限を地方分行から大区分行に集中させたことにより、人民銀行の地方分行長の行政職ランクが国有商業銀行の地方分行長よりも下位になったのである。

この結果、地方レベルにおける人民銀行と金融機関の関係は以前より希薄となり、代わりに地方政府と金融機関の癒着が強まることとなった。

そのような状況を踏まえて、九八年以降の不動産政策がもたらした構造上の問題を考えてみよう。

住宅については、これまで都市住民に関しては、すべて国家ないしは所属単位が分配してきた。それが九八年以降、住宅制度改革によって統一的分配が停止され、住宅手当などの貨幣分配に変わった。要するに、国民に対する最大の福祉であった住宅保障制度がなくなり、都市住民は住宅を市場から購入する必要が出てきたのだ。

財政破綻を免れるために断行された住宅制度改革であったが、政経分離の原則が厳格に守られていないために、富の再分配がもっとも歪んだかたちで行われ、これが国民に大きな不満、不公平感を与えた。

改革・開放政策以降、社会の多元化が進んだにもかかわらず、それに対応する政治システムの改革が遅れたために、権力や資本を持つ、あるいはそれらに容易にアクセスできるいわゆる勝ち組が一方的に富を独占することとなった。この典型的な例が不動産をめぐる取引の中に現れており、これら勝ち組が不動産売買の過程でもっとも効率的に富を獲得する姿は次のようなものだった。

中央政府ないし地方政府と不動産の開発業者、不動産投資から利益を得ようとする内外の投機筋が結託し、意図的に不動産価格のつりあげを行うことができる仕組みをつくったのだ。

まず第一に、勝ち組たちは、マスコミおよび経済の専門家の意見を自由に操作し、彼らを利用することで、テレビやマスコミでその不動産ブームをあおることに成功した。

たとえば、中央あるいは地方政府の役人が華僑のデベロッパーと組んで、上海のある地区に豪華マンションのプロジェクトを計画する。マスコミを集め、完成予想図を披露して、「上海の住宅物件価格は毎年二、三〇％上昇している。このマンションもすでにほとんどが売約済み」とぶち上げる。彼らは国家統計局に容易にアクセスできるため、いわゆる「大本営」発表により、不動産価格を自由に操作できる。不動産の見せ掛けの看板や人為的に供給不足の状況をつくり出し、常に売り手市場の状況を維持してきたのである。

当然、役人等のコネが効く人たちは、国有銀行から無担保融資を受けて一人で二、三物件を購入しておき、一年寝かして転売すれば大金が転がり込んでくる。

日本円で十万円程度の給与の役人が何のリスクもなく数千万円を儲けられるわけだから、多くの役人がこうした八百長不動産投資にのめり込むのも無理からぬことである。ある官僚は、「やらないほうがおかしい」とまで話していたぐらいである。

いまやGDPに不動産部門が占める割合は一割近くにまで上昇している。新華社通信によれば、GDPの伸びに対する不動産産業の寄与度は直接的には一三・二％、間接的には約二五％にも達しているといわれている。

これほどGDPの伸びを大きく左右する不動産産業のバブル崩壊が中国経済全体に与える影響はあまりにも大きすぎる。中央政府、地方政府としては、抜本的な解決を図ることより、とにかく不動産バブルの崩壊阻止のため、当面の価格急騰を抑制し、常に不動産の投機が儲かる状況を持続させることを至上命令としている。

「too big to burst」

大きくなりすぎて潰せない状況なのだ。

この点は、とてつもない対中貿易赤字を抱える米国が人民元の為替レートに対し大胆な調整要求に踏み込めない理由でもある。すなわち、中国の不動産バブル崩壊の影響が、アメリカのバブルに近い不動産業界に致命的な打撃を与えかねないほど大きな影響力を持っているからである。人民元を大幅に切り上げれば、中国の景気は急激に冷え込み、手持ち不動産の狼狽売りが殺到し、不動産価格の大暴落を招く。そうすると、中国の景気ばかりかアメリカの景気も冷え込ませてしまう。玉突き現象が起きて、日本や欧州経済にも悪影響を与え、景気の悪循環を起こし、結局は人民元の大暴落につながってしまう。

中国の不動産バブルが崩壊しないよう、腫《は》れ物に触るような姿勢で、政策担当者はソフトランディングの方法を模索している。荒療治ができないまま、こうしているうちにも不動産の物件価格はじわじわと上昇しているのだ。

したがって、他の要因により中国経済が破綻する以前に、不動産価格の急落によるバブルの崩壊の可能性はむしろ少ないといえる。

★底なしの不良債権問題

現在、中国の金融機関の約八割を国家が経営する国有商業銀行が占めている。残り二割の株式制商業銀行、都市商業銀行にしても、事実上は国家が運営しており、その意味では純粋の民間金融機関は存在しない。

そして、金融機関の総貸付の六割が四大国有商業銀行（農業銀行、建設銀行、工商銀行、中国銀行）によるという寡占状況が続いており、民間銀行はほとんど有名無実化している。

証券市場は上海、深圳に一応あるにはあるが、上海総合指数は〇〇年のピーク時の半分、深圳総合指数は三割減と、十年以上平均経済成長率九・五％という奇跡的な高度経済成長を遂げてきたこの国の証券市場は異常としか思えない動きを示している。

朱鎔基前総理が国有企業改革に着手する以前は、計画経済の名の下で、国有企業運営に必要な資金はすべて国有銀行を通じて国が貸し付けてきた。それを朱鎔基は変えようとしたのである。

朱鎔基が採算割れの国有企業を清算しようと動き出すと、改革派と呼ばれる連中は、民営化という錦の御旗を掲げて、国有企業の採算部門と非採算部門を切り離し、採算部門を上場させた。そこで資金調達して、新たに民営化した企業に資本注入するはずだったが、ここで資金が公正に流れずに、不正がまかりとおったのである。

一方、証券市場は証券市場で、恣意《しい》的に動いている。上場しても、優良国有企業を防衛する観点から、株式の大半は市場に出てこない。流通するのはバランスシートを信用できないような怪しげな企業の株式ばかりで、結局、インサイダー取引を行う連中だけが荒稼ぎする博打場と化している。これでは、欧米の証券関係者からはまったく相手にされないわけである。

当局のデータによれば、ここ数年、国有商業銀行の不良債権比率は順調に下がっているが、金融関係者の誰もがこの数字を正しいとは思っていない。一般的には、国有企業に対する貸付の四割が不良債権化しているといわれている。

なぜこうも不良債権が膨れ上がってしまうのか。やはりそれは、企業経営者側が資本主義経済の中での企業経営を理解できていないことに帰する。

つまり、企業がいかに利益を上げ、持続的に発展していくかではなく、それよりも企業の裏側にいて実権を握る共産党幹部の思惑が優先する。共産党幹部の出世が名目的な経済成長により左右されるとなれば、返済計画を考えずに、コネクションのある国有銀行から融資を受ける。共産党幹部の出世が自分の将来にかかわる、いわば運命共同体的な国有銀行側の担当者は、後の回収は度外視してそれに応じてきたのだ。

中央政府から不良債権比率を下げろと厳命された国有銀行が驚くべき行動に出たことは既述したとおりで、つまり不良債権を処理して数字を圧縮するのではなく、逆に企業への貸付を増やすことにより、不良債権比率を下げる手法をとったのである。

政府も四大国有商業銀行の経営健全化のために、莫大な資金を投入している。

一九九八年、国有銀行四行にまず計二千七百億元、当時のＧＤＰ比三％もの公的資金を注入した。

しかし、それだけでは足らず、不良債権を引き取る資産管理会社を設立、九九年から〇〇年にかけて、四行から計一・四兆元、なんとＧＤＰ比一六％にのぼる不良債権を購入した。要するに、不良債権を帳簿から外して資産管理会社に付け替え、表面上の体裁を繕ったわけである。

それでも足りずに、さらに〇三年末には中国銀行と建設銀行に対して、人民銀行が保有する外貨預金をそれぞれ二百二十五億ドルずつ、計四百五十億ドルを公的資金として注入した。

こうして苦労して数字を整えてきたのは、これら四行の経営形態を株式化する狙いがあったわけで、実際に〇四年に中国銀行、建設銀行は劣後債を発行、株式化を実現した。

だが、本当の問題は、いまも国有企業の不良債権がどんどん膨張していることであり、それがどこまでいくのかは誰にもわからないことだ。

技術力、資金力、優遇措置の面から、大半の国有企業は外資企業に淘汰される運命にある。解放軍系、インフラ開発系を除けば、ほとんどの国有企業は負け組であり、いまも不良債権を生み続けている。

それに加えて、現在表面化していない不良債権の問題がある。

たとえば、農業銀行が抱える不良債権を額面どおり受け取っているお人好しはどこにもいない。さらに、ブラックボックス化している地方政府の不良債権があり、総額となると見当がつかない。将来の年金の手当ては、まったく目処が立っていない。

要するに、底なし沼のような状態に陥っているのが中国の不良債権問題なのである。この不良債権というパンドラの箱が開かれるとき、世界経済はどのような転機を迎えるのだろうか。

第十四章——転換期の軍事政策

★なぜ核兵器開発に躍起になったか

四九年十月一日、天安門の壇上から中華人民共和国の誕生を宣言した毛沢東は、中華民族が二度と侮辱されないためには、経済建設とともに、「国防強化」が不可欠であると十分認識していた。さらに毛沢東は、その半年後の五〇年六月に勃発した朝鮮戦争を通じて、中国軍の近代化が喫緊《きっきん》の課題であることを深く認識した。

他方、米国その他西側諸国は、朝鮮戦争により東西冷戦の厳しい現実を目の当たりにし、中国に対する「封じ込め」を開始した。

その結果、中国としては、国家の存亡を賭けてあらゆる資源を自国の安全保障のため、優先的に投入せざるを得ない状況に追い込まれた。朝鮮戦争が収束すると間もなくインドシナ戦争に巻き込まれ、台湾海峡の金門島では、米国と一触即発の危機に直面した。

このように中国は、建国から数年もたたないうちに何度も米国からの核兵器の脅威による威嚇を受け、米国と対峙するためには、通常兵器の近代化を後回しにしても、核兵器の開発、生産を優先させざるを得ないと決意をした。同時期に日本が日米安全保障条約を締結し、軍事力を必要最小限に抑制し、国の資源を経済成長に傾注させたのとは対照的となった。中国の核兵器優先戦略は、日中両国のその後の対米政策の大きな分岐点となった。

毛沢東が核兵器をいかに重視したかはよく知られるところだが、これは第十一章で説明したように、中国人特有の義和団コンプレックスの裏返しでもあるのだ。

天安門の壇上で毛沢東は、「我らは立ち上がった」と宣言したが、そこには当然、「もう他国から侮られるものか」という決意がこもっていたはずである。

九九年四月の駐ユーゴスラビア大使館が米軍によって誤爆された事件をきっかけに北京で発生した大規模な反米デモの際、私は、中国人の内面に「義和団コンプレックス」が生き続けていることを目の当たりにした。

日本大使館から五十メートルも離れていないところにある米大使公邸に対する投石が激しくなり、これ以上エスカレートすれば収拾がつかなくなりそうな気配であった。鮮明に覚えているのは、「毛沢東主席がおられたら、米国からこんなに馬鹿にはされなかった」というスローガンを群集が叫び出したことだった。それを聞いた私は、「これはデモのエネルギーが反米から江沢民体制批判に転換するな」と直感した。案の定、間もなく、共産党の手配により、大量のバスが回され、デモ隊がサーッと引き上げていったのだ。一般人民の脳裏に、毛沢東主席時代には米国と堂々と対峙していたとの記憶が鮮明に蘇り、江沢民政権のひ弱さが感じられ始めたからである。

話を核兵器の開発・生産優先政策に戻すと、中国はそのために、通常兵器の強化をある意味で諦めた。要するに、中国は核攻撃を受けた際の報復核攻撃、二次攻撃能力を残せばいいとする戦略で軍備を進めた。当時は米国のミサイルもそれほど精度が高くなく、ミサイル基地を数カ所に散らしておけば、報復攻撃は可能だという技術的な判断もあった。

中国は、核兵器の開発を全面的にソ連の技術援助に頼ろうとした。もっぱらソ連を雛形に軍全体の近代化を図ろうとするうち、中ソのイデオロギー対立が先鋭化してしまった。そのため、五八年には、それまでの路線を変更し、もっとも先進的な核兵器とその運搬システムであるミサイルの開発に傾注すると同時に、もっとも前近代的な「人民戦争」を組み合わせた戦略を選択した。

この結果、兵器その他の生産基地を沿岸部から内陸部に拡散し、中国の軍事力に壊滅的な打撃を与えるには、大陸の各地に大規模な地上部隊を投入しなければ達成できない体制を整えた。これが毛沢東の人民戦争による抑止力である。

私は九九年春、日本の「草の根無償資金協力」で建てた小学校の落成式で訪れた河北省興隆県の山中に、その名残りを見つけた。山の中腹に、周りの荒れ果てた原野にそぐわない立派なレンガ造り住宅の廃墟が相当の規模で残されているのを見て、「あれは何か」と地元の人に聞くと、「かつて三線計画（注：ベトナム戦争期間中、米の攻撃を避けるため内陸部に大々的な工業投資を行った）のため建設された戦車工場で働いていた人たちの宿舎だった」といわれた。何でも六〇年代半ばに天津にあった戦車工場から三千人の労働者が強制移住させられてきたらしい。よく見ると、山腹に飛行機が格納できるような巨大なかまぼこ型の洞窟がいくつもくり抜かれており、そこで戦車をつくっていたようだ。さすがに周りに何のインフラもない辺鄙な田舎で軍事工場を維持する馬鹿らしさに、数年前全員天津に引き上げていったそうだ。

そこは首都北京から百キロあまりしか離れていない場所だったが、当時は全国四百カ所にこのような秘密工場がつくられ、実際に稼動していたのだろう。しかし、無駄といえば凄まじい無駄をしたものである。人民解放軍が核兵器開発に精力を傾注したとはいえ、それ以外の部分にも大変な予算を使ったことが、建設現場を目の当たりにして理解できた。

★懸念されるシビリアンコントロール

しかし、七九年のベトナム侵攻の大失敗で、中国は前近代的な人民戦争が通用しないことを思い知らされる。ベトナム軍に国境を侵犯されたとして、二十万人の大軍を投入したが、瞬《また》く間に二万人を失った。長年米軍と戦ってきたベトナム軍のほうが優秀な近代装備を持ち、兵士の練度も高く、ゲリラ戦にも強かったのである。

これまでの人民戦争では近代的な戦闘に勝てないと痛感した中国は、限定的な局地戦であれ、近代的な戦闘を行える機動力を持った軍隊の建設の必要性に迫られた。これにより、八〇年代の「百万人の兵力削減」を決意したのである。

その後、鄧小平、江沢民が兵力削減を続けた結果、現在の人民解放軍は総兵員数二百二十五・五万人となっている（内訳は、陸軍百六十万人、海軍二十五・五万人、空軍四十万人）。

ここで再び強調したいのは、解放軍の中にも勝ち組・負け組が存在し、負け組が気勢をそがれていることである。

九七年、江沢民が海空軍の五十万人削減に踏み切った。当然、そのきっかけは湾岸戦争で見せつけられた米軍の最新鋭ハイテク兵器の威力であり、海空軍のハイテク化は焦眉《しょうび》の急との判断からだったが、このリストラは低学歴の農民出身者にとどまらなかった。大学卒のエリートたちもその対象に含まれた。

さらに、〇三年九月の国防技術大学創立五十周年の祝賀演説で、江沢民主席が〇五年までに二十万人の削減を明らかにし、解放軍内には危機感が募った。江沢民は海軍、空軍の人員削減に加え、軍の研究機関、大学と大学院の職員数までをも削減する「三減」を迫ってきたのだ。

また情報化時代にふさわしい軍事力を整備すると同時に指揮系統を改めた。従来の中央軍事委員会の指揮と七大軍区の指揮との二元指揮を全面的に改め、指揮系統を中央軍事委員会一本にすることで、地方からの干渉を弱める狙いがあった。ただし、ここでも負け組となり排除されつつある地方軍指導者の抵抗は凄まじいものがある。

解放軍にまつわるもう一つの大問題として浮上しているのは、統帥権《とうすいけん》問題である。

中国人民解放軍はその名前のとおり、共産党の軍隊であった。いまも実質的にそうである。それを国軍にするため、憲法に基づいて、全国人民代表大会が国家中央軍事委員会をつくったが、従来あった党中央軍事委員会とメンバーがまったく同じだった。

鄧小平時代は、鄧小平の軍事的権威が圧倒的であったので、誰も疑問を呈さなかったが、江沢民時代から胡錦濤時代に移行する過程では、党中央軍事委員会主席が江沢民で、国家中央軍事委員会主席が胡錦濤という変則状況が四カ月続いた。

現在の党中央軍事委員会のメンバーは、主席の胡錦濤一人が民間出身で、副主席の郭伯雄、曹剛川、徐才厚の三名がすべて軍人という状況にあり、シビリアンコントロールがうまく機能するのかという問題がある。つまり、胡錦濤の軍における権威は本当に確立しているのだろうかという点がいま、大きな争点になっているのだ。

○四年の中国潜水艦の日本領海侵入事件、中国探索船の沖ノ鳥島調査、あるいは日本側の再三の警告を無視して行われている中間線の海底ガス田開発などの背後に、人民解放軍の姿がちらつき始めている。

解放軍のいわゆる第一防衛ライン（日本列島から台湾を含む第一列島線）から第二防衛ライン（グアムを含む第二列島線）の外へ踏み出しているいまの動きを見ると、胡錦濤が軍を完全に掌握しきれていないのではないか、胡錦濤の外交政策と平仄《ひょうそく》が合っていないのではないか、との懸念が頭をもたげてくる。解放軍が動きすぎれば、日米と摩擦が起きるのは不可避であるのに、にもかかわらず挑発的な動きを止めようとしないのはなぜなのか。

〇五年四月の北京での反日デモをもう一度振り返ってみると、三つのグループが合流して過激化したのは、胡錦濤が軍を掌握できていない証左ではないかと思われる。

時期的には二月に、台湾海峡の安全は日米の共通戦略目標であるという「2プラス2」の合意が発表された直後というタイミングであった。第一グループはいわゆる官製デモ隊であり、秩序立った抗議デモで終わるはずだった。そこに解放軍が主導する第二グループが加わり、政府の意図を狂わせた。さらにそこへ日頃から社会格差に苛立つ一般人が第三グループとなって合流し、手がつけられなくなったと私は考えている。

これに続く上海の反日デモにおいても、あれだけ党が抑えようとしたにもかかわらず、大騒ぎになったのは、裏側にやはり現在の胡錦濤政権に全面的に従わないという何らかの組織の存在を示していると考えるのが自然であろう。

★情けは人のためならず

以上の様な背景があったとすると、中国に対中ODA三原則を振りかざし、軍事費を削減しないとODA供与を削減するとか停止するとか迫ってみても、なんら相手を説得する力がないことがわかるであろう。喧嘩するのは簡単だ。その後仲直りして友好的になることが重要である。

わが国は二十数年にわたり膨大な対中ODA供与を行いそれにより中国側からの感謝の念を期

待した。もちろん当然のことであるが、中国側は過去の認識問題を理由にそれを率直に表せないでいる。第十一章で述べたとおり、共産党の統治の正当性および正統性の必要性からそれができないでいる。だからこそ、相手に説得力を持たない理論を持ち出して、相手の態度を変更させようとする努力は徒労に終わる。

ここで「情けは人のためならず」という先人の残した貴重な言葉をかみしめる必要がある。中国はとてつもなくでかい隣人である。お互いに引っ越しはできない。仲よくできなくても最低限喧嘩しないで互いに尊重しあう関係を維持しておく必要がある。そうしないと危なっかしくて仕方がない。

その危なさはどこからくるのか。当面中国の軍事費の二桁台の成長が懸念材料であることは間違いない。しかし、ほんとうの脅威はそこからくるのであろうか。三十年以上中国を見てきた私としては、中国の歴史に鑑み、国内が安定していた時期はそんなに長く続いていない。その安定が軍事費の増加で対応できる外からの脅威ではなく、実際は内からの脅威にさらされているのが今日の中国ではなかろうか。

何度も繰り返すが、農民のおかれた状況は、現在の中国の経済的実力からして正義と道徳の基準を逸脱している。胡錦濤政権はこれに気付き、必死になって変えようとしている。しかし、後述のとおり、中国の歴史的風土的に組み込まれてしまっている末端の行政機構の腐敗・汚職は目を覆うばかりであり、真の脅威となっているが短期日でどうにかなる代物ではない。

中国の安定は、隣国のわが国の安全保障にとっても不可避的に重要である。環境保全もいわずもがなである。これらを確保するために、物理的に近いわが国が汗を流さざるを得ないことは、人のためならずである。まさに自己防衛のために必要なことである。このような認識が芽生えないかぎり、双方の国内事情がいろいろな面で流動化しつつある現在、両国が「適切な関係」を維持していくことは困難ではなかろうか。ぜひ、「わが国のための対中援助」を再構築していく必要性をもう一度冷静に検討していただきたい。

第十五章——嗚呼、在上海総領事館

ここで総領事時代の苦労話を振り返ることにお許しを願いたい。

★申請の一割を却下する査証セクション

○一年　六万件
○二年　六万六千件
○三年　七万二千件
○四年　九万九千件

中国人に対して在上海総領事館が発行してきた査証（ビザ）の暦年の経緯である。

中国人の不法入国を許さないことは総領事館の大きな役割の一つであり、言い方を変えると、いかに不正な申請を見逃さないかということになる。

このように中国人への査証発行数は急増しているわけだが、在上海総領事館で査証を発行しないケース、つまり、却下件数は申し込み数の八、九％にも上る。ちなみに〇三年は最悪で一一％だった。

これまでもっとも却下することが多かったのが、日本で運営する日本語学校が受け入れの認定を行ったことを示す法務省発行の在留資格認定書をもって査証の申請にくる若い中国人。本来、ノーチェックで発給してもよさそうなものだが、窓口にくる申請者の実物を見ると、およそ中学を卒業したようにも見えない。簡単な日本語のテストをしてみると、案の定「あいうえお」さえ書けない。日本側で調査してみたら、受け入れ先の日本語学校がきちんと審査せずに認定書を法務省に申請していることが判明した。最近は日本語学校側も資格認定書の申請を厳格に出すようになってきたが、向こうは商売なので、油断はできない。法務省側の審査も形式審査でなく、厳しくなった。

企業の研修制度を利用して、日本に数カ月滞在できる査証の申請が急増しているが、この審査も非常に難しい。これは中国各地方の外事弁公室から申請されてくるのだから、信用してもよさそうに思える。しかし、そうして査証を発行した中国人が日本に着いてから集団で姿をくらますケースもあった。

しかし、年間十万件近い数の申請があり、そのうち一割近くに問題があるとなると、数人しかいない日本人の査証専門官の仕事量は殺人的だ。

そこで在上海総領事館としては、日本企業に勤める中国人で一定期間、一定の地位にいる人にはマルチの査証を発給するマルチビザ・システムの導入でメリハリをつけた。たとえば、何度も日本に出張して問題がないような人たちには、一時ではなく期間一年のマルチビザを、一年間問題がない場合は、次は期間三年のマルチビザを発給するかたちで対応していた。

それ以外には、大学教授や文化人、社会的地位のはっきりしている人たちにも、そのときどきの審査により、マルチビザを発給することにしている。

最近では団体観光の査証を受け付けるようになった。

これまでは試験的に、北京、天津、上海、広東の四カ所のみであったのを、〇五年から中国全省の団体観光の査証を受けつけるようにした。

また、中学、高校の修学旅行生については、引率する教師がいて、名簿を提出すれば、査証不要という思い切った措置も始まった。

★上海で毎年三十人以上の日本人が亡くなる理由

〇三年　六百件以上
〇四年　八百件以上
〇五年　九百件以上

今度の数字は、在上海総領事館が扱ってきた邦人保護案件数の推移である。

なかでも上海で特徴的なのは、死亡案件の多さだ。巷間ではあまり問題視されていないようだが、私が上海赴任となった〇一年から上海だけで毎年約三十人以上が死亡している。〇四年は四十三名の日本人が亡くなった。

毎年海外で亡くなる日本人は五百名ほど。〇四年は五百六十四名だったが、そのうち上海の四十三名はいかにも多い。これは異常な数である。アメリカの大都市にせよ、北京にせよ、せいぜい年間で二、三人なのだから、その十倍以上の日本人が亡くなったことになる。

さまざまな原因があり、自殺もあるし、交通事故や病死が多いのだが、それ以外にある意味でやっぱり上海は特殊と思われる死亡の案件があり、それらの処理には本当に難儀したものだ。

病死のケースでとくに多いのが心臓疾患と脳疾患で、脳梗塞がかなり増えている。多くの企業代表から聞こえてくるのは、上海は企業にとって儲けどころ。毎年売上を二〇％も伸ばし、自慢げに本社に報告すると、競争相手は三〇％伸ばしている、もっと頑張れとかえって叱咤激励が返ってくる。それほど上海は緊張を強いられ、身が持たないとの嘆きの声である。

それ以外に、中国特有の事故による死者が続いたことがあった。

これまで中国に住む外国人は、外国人専用区域の高級住宅、高級マンションに住むことが義務づけられていた。設備はきちんとして快適なのだが、家賃は東京より高い。それが日本企業の駐在員固定費として大きな負担となっていた。だが近頃では、そのような制限が解除され、一般の中国人が住むような安いアパートを借りる長期滞在の日本人が増えてきた。

ところが、そうした安いアパートは換気が不十分で、日本人が風呂の湯沸かし器を使っている間に酸欠で死亡するケースが続発した。情報不足が一番の原因であることから、在上海総領事館としては懸命に広報活動を行った。ＮＨＫから海外危険情報を流してもらったり、各省の外事弁公室へ申し入れて、中国の一般住宅の設備事情やアドバイスを日本人向けに広報してもらったりした。当然、総領事館のホームページ、上海で発行されている日本人向けタウン誌も使った。

その甲斐あって酸欠事故は減少したが、日本人が一般住宅で暮らすリスクは依然として残っているのが現状だ。

★邦人保護のさまざまな苦労

邦人保護には、日本国籍を有する脱北者や支援団体の取り扱いなど政治的に機微なもの、プライバシーに触れるもの等、ここで取り上げることのできない案件も多いが、以下、総領事館の邦人保護担当官が苦労していた日常的な案件の一端をご紹介したい。

公安に拘留された日本人に対するケアも、邦人保護の仕事で大きなウエイトを占める。

日本人が中国公安当局に何らかの理由で拘留されると、七十二時間以内に当局から、在上海総領事館に連絡がくることになっている。

拘留された本人が拒絶しないかぎり、われわれは当然面会を求めて拘留場まで出かけていく。そこで本人の要望を聞くわけだが、彼らの訴えでもっとも多いのが、言葉が通じないもどかしさからくるストレスと食事に対する不満である。

「米飯が非常に臭い」

「料理の味つけが油でベトベトして塩辛い」

「野菜のヘタのようなものが多い」

要は口に合わないので、差し入れをしてほしいというわけだ。総領事館としては無償でサービスするわけにはいかないので、本人ないしは家族に拘留場の金融機関に口座を開設させ、そこからの引き落としで希望の食事をとれるようにする。

ただ、たいていの場合、収監される日本人は生活に行き詰っている人が多いわけで、日本の家族に連絡して送金してもらうことが多い。

次に多い要望が冬場の衣服。上海の冬は予想以上に寒く、感覚的には東京並みである。拘留場には冷暖房がないので、厚い下着や防寒具を欲しがる。

もちろん、われわれは彼らが被告となる裁判にはすべて出かけるし、弁護士の斡旋もする。

拘留の場合は、本人、通訳、担当官と拘留場の会議室で面会することになるが、そこでは本人が拘留された犯罪に触れてはならないと決められている。われわれが行うのは、主に本人と日本にいる関係者との取り次ぎで、本人が勤務している会社、家族などに連絡をとり、さまざまな手続きに応じてもらうことである。

一方、刑が確定して服役している刑務所の場合、在上海総領事館としては定期的に、少なくとも最低月一回は面会に出かける体制をとっている。収監されている邦人のほうからも、だいたい月一回は来てほしいという手紙が届く。本人が書いてから在上海総領事館に届くまで一カ月ほど時間がかかるのがいまだに不思議である。

長期服役囚からは、日本語の本や雑誌を読みたいという要望が多い。これに対しては、総領事館で不要になった新聞、個人所有の本を、適宜ボランティアで差し入れている。

日本人服役囚に関する事務手続きで厄介なのが離婚手続きである。日本の家族と上海の本人の希望、言い分などをすべて総領事館がつなぐわけで、これはけっこう大変な作業である。

★マスコミは悪いケースだけを報道しがち

もう一つ、最近増えているのが、「お金がなくなった」「今夜泊まるところがない」と泣きついてくる困窮日本人である。

通常は日本の家族に連絡して送金してもらい、帰国用の航空券を購入して一件落着となるわけだが、なかには海外で同じことを繰り返しているのか、「放っておいてください」と家族から引導を渡されるケースもあった。

当方としては、お金がなくて路頭に迷っているというのに、見捨てるわけにもいかない。援護法を適用し、国の費用で帰国用の航空券を購入して強制的に帰国させる手段もあるのだが、今度はそこに至るまで当該邦人をどこで面倒をみるかという問題が出てくる。

地元警察から連絡を受けて、精神に異常をきたした邦人を引き取りに行ったこともあった。そこで家族を上海に呼んで帰国させようとしたところ、飛行場に送る途中、運転手に暴行を働き、その日の搭乗を諦めることになった。総領事館員の自宅で、交代で寝ずに様子をみて、翌朝、病院で治療を受けさせた。そんなこともある。

企業内部のトラブルから、怒った現地従業員に旅券（パスポート）を取り上げられ、日本に帰国できなくなった邦人経営者が総領事館に駆け込んできたこともあった。この場合は、「旅券の所有権は日本国にある」と当方がまず公安を説得し、現地の企業まで同行してもらい、旅券を返してもらった。

また、裁判で敗訴した邦人が判決に不服で賠償の支払いを履行せずにいたら、裁判所が彼の旅券を差し押さえたというケースもあった。

在上海総領事館は二十四時間体制で、常に邦人保護当番を置いている。

記してきたように、本当にさまざまなケースに遭遇、対処してきたわけだが、なかなか減らないのが酒によるトラブルである。店と揉めたのは自分の落ち度なのに、総領事館に飛び込んできて、「邦人を保護するのが役割だろう」と大騒ぎをする。

酔って自宅がどこかを失念し、真夜中に総領事館前にタクシーで乗りつけた邦人。急性アルコール中毒で倒れ、総領事館に担ぎこまれてきた邦人。やむなく館員が何とか自宅を探し当て送り届けるケースもあるが、そういう邦人にかぎって一言の礼もない。

しかし、実際在上海総領事館には、これまで保護をした邦人から感謝の手紙が束になって溜まっている。海外の大使館、領事館の邦人の扱いについて、マスコミは悪いケースだけを抽出して報道しているようであるが、それではあまりに現場の苦労が浮かばれないと思うのだが。

★高層ビルが林立する上海の弱点

ここでは苦労話ではないが、上海を訪れる日本からの客人が上海の急速な発展ぶりについて異口同音に驚嘆の声を上げることについて、常日頃違和感を覚えているので、それについて少し説明させていただきたい。


中国は投資リスクの高い国なのだろうか、そうではないのか?

およそ中国に関心のある日本人なら誰もが知りたい疑問でありながら、多くの専門家やジャーナリストが答えきることのできていない設問がこれであろう。日本人の最大関心事であるから記事は量産されているが、どれも隔靴掻痒の感を否めない。

だが、それを責めるのも酷な話だ。そもそもリスクのないところには商機はない。投資リスクが見切れているのならば情報や分析の需要もないのだから。

ただ、中国に関する報道や分析を見るかぎり、極端な楽観と悲観にはっきりと分かれるという奇妙な特徴をもっている。これは純粋な中国への評価以外に不純な要素が混ざっているからだろう。不純な要素とは、たとえば〝立場〟である。これは職業に根ざす場合もあれば、思想である場合もある。

前者は、仮にコンサルタント関連であるならば、先に「進出すべし」との答えありきにならざるをえない。クライアントも進出の必要があるからこそ分析を求めるのであるから、自然、リスクの中にも「何が光か」を探す方向で中国を照らすことになるのだ。また後者の思想は、これは経済にかぎらず「けなす」か「ほめる」かの目的が最初から決まっているものがほとんどだ。

前者がつくりあげた中国経済の「ばら色」論には明らかな誇張がある。この裏では悲劇もたくさん起きている。その一方で、中国の何もかもが駄目だという論にも与《くみ》するつもりはない。

これから私が記そうと思うのは、私自身が実際にこの目で見た〝現実〟である。マクロの分析でもない。これがどの程度冒頭の疑問に答え得るものなのかはわからない。だが、より実態に即した中国の経済の姿を紹介することは、両翼で交わることのない日本の中国論をある程度修正してくれるのではないかと自負している。

幸い私は、外交官として中国に十四年以上（含む台湾勤務）暮らし、最後は在上海総領事として上海経済の只中に身を置くことができた。上海は、中国経済の牽引役という以上に、日本の対中

林立する上海のビル群

投資を見るうえでは、その光と影がもっとも先鋭に観察できる対象であった。

上海を中心にした揚子江一帯を示す「長江デルタ」全体で見ると、日本の投資のじつに六〇％がここに向かっている。

人口にしてたった六％。面積は全土のたった一％のところにこれだけの投資を集中させ、進出企業のじつに四五％がここに集まっているのだ。この数字が示しているとおり、ここ数年間での上海の発展は目覚しく、半年も上海を留守にすればランドマークが変わり、道に迷うといわれるほどである。

実際、上海政府の関係者やビジネスマンたちの自慢もこの林立する高層ビルにある。彼らの決まり文句は、「上海にはいま二十階建て以上の高層ビルが約四千棟も建っている。東京はどれだけあるの？」というものだ。東京には百棟ほどしかないといえば、日本人は意外に思うかもしれないが、高層ビルの数からいうと、上海の景色は東京よりむしろニューヨークに近い。

急速に変わる街の変化は確かに経済成長を示すわかりやすい指標に違いない。そして実際、たった五年程度の短い歳月のあいだにこれだけの高層ビルを建ててしまった経済力にも目を見張るものがある。だが、高層ビルをもつことの難しさは建てることよりもむしろ維持することにある。維持の意味は二つあり、一つはメンテナンスであり、もう一つは需要の見極めである。

東京は百棟しかなくても、すでに二〇〇七年問題といわれるようにオフィス需要は頭打ちで供給過多が心配されている。いかに上海の経済が急速に膨らんだとはいえ、東京都の経済規模と比べても、四千棟を満たす需要があるかどうかは疑問が残る。

需給の見極めにはなお数年を要すが、地元で見た感触のかぎりでは、埋まっていないビルも少なくないようである。〇三年ごろの統計では、中国全体のビルの空き室率が一九％に達しているとの報告もある。

そして、さらに問題なのがメンテナンスである。なかでも、エレベータが少なすぎる欠陥は、今後致命的なクライアント離れを引き起こす原因となりかねないだろう。

実際、私が足を運んだいくつかのビルでは、四十階建てのビルでありながらエレベータはなんと六台しかない。六〇年代に建てられた霞ヶ関ビルは、ほぼこのビルの容量と同じだが、霞ヶ関ビルのほうには十二階ずつを三層に分け、各層に八台ずつ、合計で二十四台のエレベータが常時稼動している。これと比べてみればいかに少ないか歴然である。

こうなれば、当然のことながら朝の通勤ラッシュ時には長蛇の列ができてしまう。乗降のボタンを押してからエレベータが到着するまでに十五分も待たなければならないということが常態化し、上下階に分かれてオフィスを構えた会社などは悲鳴を上げ、逃げ出すところも出てきているというのだ。

メンテナンスの問題でいえば、もう一つ気になるのがデザインの奇抜さだ。経済が徐々に拡大し、そのなかで試行錯誤を繰り返し、さらにビルの中古市場が成立している東京とは違い、上海の発展はあまりにも急速だった。

おそらくその弊害なのだろうと思われるが、高層ビルの維持・管理の困難さを考えずデザイン重視で建てたものが目立つのだ。たとえば、ビルの屋上にきわめて複雑なデザインが施されていたり、また上階になるごとに面積が広がる逆四角錐型のビルなどといったものまである。そしてなぜか高層ビルになればなるほどこうした奇抜なデザインの建物が多くなる。

こうしたビルは、素人目に見ても掃除は簡単ではないし、風雪にさらされるなど自然環境の影響を受けやすくなり、傷みが早くなることがわかる。五年、十年と老朽化していく過程では、奇抜なデザインはかえって見劣りの原因になるし、修繕の費用もかさむ。長期的に見れば欠点以外の何物でもないのだ。

さらに、電気代の安い中国の事情を反映してか、省エネに対する配慮が欠けているビルばかりなのも気がかりである。冬は暖房の熱が窓からどんどん流れ出し、夏は太陽の熱で室温が容赦なく上がる構造なのだ。

現在、原油高が世界的な潮流となり、このコストをいかに消化するかが各企業の課題となっているなかで、中国の電気代がいつまで低コストであり続けるかは未知数である。もしも電気代が上がり、ランニングコストがあまりに高くなれば、それを理由にオフィスを移転するところも出てくるに違いない。

★不動産バブルを破裂させる時限爆弾

ビルを中心に話を進めてきたが、これが中国のある種の特徴をきわめて端的に表していると考えられるので、もう少しビルの問題を話してみよう。

エレベータ、メンテナンスに続く問題は土地の問題である。土地といっても地価ではなく地盤の問題だ。じつは、上海は揚子江が運んできた砂が堆積してできた土地であり、千年前には海であった関係から、地盤がきわめて弱いという弱点を抱えている。

日本の建設会社が上海で高層ビルを建てた際には、ビルの不等沈下を防ぐために、数十メートルのパイプを何十本、あるいは数百本も地中深くに埋め込み、その上にビルを建てるという工法をとった。しかし、それでも沈下そのものは地盤の問題であるため避けられない。そのため、あらかじめ数年で数センチという沈下計算を織り込んだうえに細心の注意を払い設計を行っているのだ。

ところが、地元企業がここ数年で建てた多くの高層ビルは、そうした沈下を想定せずに設計をし、建ててしまっているのだ。こうしたビルは、数年後にはかなり高い確率で不等沈下の影響を受けることになるだろう。ビルが傾いてしまえば、中のエレベータは当然ながら乗降できなくなってしまい、そうなればビル自体が使い物にならなくなってしまうのである。

高層ビル建設はいうまでもなく莫大な投資である。それが、たった十年ほどで相当な価値が毀損されてしまうのであれば、投資そのものは失敗といわざるをえない。不良債権は何も地価の下落だけが引き起こすものではなく、消耗により当初予定していた家賃収入が見込めなくなるケースから、ひどい場合にはまったくビルとしての機能を失い、大きなガラクタになってしまうことだってあり、債権回収の道を失うことになるのである。

いま上海の街を彩る高層ビルの多くが、将来もしも不良債権化するというのであれば、上海人の自慢する「約四千棟の高層ビル」は、潜在的な不動産バブルを破裂させる時限爆弾となりかねないのだ。

上海が背負う荷物はあまりに重いといわざるをえない。だが、現実がこれほど危うい基礎の上にあったとしても、初めて上海を訪れる日本人であれば、高速道路から林立する高層ビル群を眺めて未来都市を頭に思い描き、この国の発展を信じないわけにはいかない。それは、日本人が日本を見る尺度で中国を見てしまうからだ。

これまで見てきたように、表面上は同じような高層ビルが並んでいても、その中身は決して同じものとはいえないケースがほとんどなのである。中国を実体より過大に評価する傾向がここ数年の日本には見られるが、中国の実体を正確に把握するためには、日中両国の尺度がもともと大きく異なっているとの認識を持つ必要がある。

第十六章——中国の農村にＣＮＮを

（中国共産党と宗教）

★振幅の激しい共産党の宗教政策

中国共産党は、革命による中華人民共和国成立直後から、宗教の組織活動および宗教行為そのものを制限してきた。極端にいえば、「宗教は阿片」というような扱いであった。

五〇年代には仏教寺院を政府のさまざまな組織に接収し、工場や学校、軍事施設や娯楽施設に転換使用した。若い僧や尼僧には還俗や結婚を強要し、年老いた僧や尼僧には思想教育を行った。

文化大革命時にさらにひどい弾圧があったことは周知の事実である。

すべての宗教活動は封建的迷信であるとして、紅衛兵が全国で寺院や仏像、経典の破壊を徹底的に行った。各地で孔子を祀った孔子廟《びょう》が叩き壊されたのはその当時のことだった。

その結果、七〇年代後半にはほとんどすべての宗教活動および宗教的な行為は行えなくなり、その後は細々と地下に潜行して活動を続けざるを得なかった。

ところが、七九年の改革・開放後、経済政策の転換とともに宗教政策も抑圧から管理へと転換された。憲法での規定も変わり、それまで信仰の自由の解釈を「信仰しない自由」に重点を置いていたのに対し、初めて「信仰する自由」を認める方向へと変わった。とにかく信仰は持ってもかまわない。それが前提となったのだ。

だが、ここで問題となるのは、信仰の対象となる宗教を限定していることである。それは国が正式に認めた「仏教」「道教」「回教」「天主教（カトリック）」「基督教（プロテスタント）」の五つのみだ。しかも、宗教活動はそれぞれ決められた敷地内だけに限定され、市井での布教を含む宗教活動は禁止されている。

さらに、認可したとはいえ、いろいろと縛りがかけられた。

死後の世界の概念を含んだ思想を論理的に説いた経典が存在すること、特別な訓練を受けた聖職者が管理する寺院や教会などの宗教的空間が存在すること、そこで定期的に宗教活動が行われていること――などを求めた。これにはいわゆる邪教の排除という狙いがあった。

五つの宗教以外の国が認可しない民間宗教とは、常設の寺院は存在するが、体系的に整備された経典が存在せず、特別に訓練された聖職者も存在しないものと規定した。それらについては、歴史的史跡として観光用に対外開放されることは許されるが、宗教活動は禁止された。迷信も人心を惑わすものとして禁止された。

仏教を容認した結果、中国の南部、とりわけ福建省で仏教の復活が際立った。全国の半数におよぶ寺院、僧、尼僧が同省に集中した。その大きな要因は、華僑の支持をはじめとする海外とのつながりが強かったからとも思われる。

八二年になると、共産党は改めて宗教に対する基本政策を明らかにした。共産党は無神論であり、当然ながら、それをたゆまず宣伝しなければならないとしつつ、宗教政策を強制的手段で行うのは有効ではないとした。共産党の任務は団結することにあるわけで、強権的に臨むと、宗教を理由に分裂が起こり、社会主義建設に深刻な影響を及ぼすと考えた。また、共産主義の時代が達成されれば、宗教など自然消滅するのだから、現段階で抑圧する必要はないとまで軟化したのだ。

★中南海の要人をパニックに陥れた法輪功事件

だが、共産党指導部がそんなものわかりのよさを示しているうちに、法輪功が勢力を強めてきた。法輪功とは、九二年五月に李洪志が始めた、気功を用いた一種の瞑想修養法である。九八年四月以降、法輪功に対する批判的な報道に対し、信者が全国各地で抗議活動を開始した。

九九年四月、党要人が住む北京市の「中南海」の周辺に、法輪功信者一万人が座り込んだ事件はあまりにも有名だが、そのとき、私はたまたま大使に同行して現場を通過した。車で天安門を通りすぎ中南海の入り口にさしかかると、付近に夥しい数の人々が黙って座っているのが見えた。ほとんどが年配の男女で、初めて見る異様な光景であった。

現場を通過した直後、会見した朱鎔基総理のげっそりとした表情をいまでも思い出すが、たしかその直前、朱鎔基は法輪功を弁護しようとして党の臨時常務委員会の場で窮地に立たされたとの情報がある。

公安に事前に察知されず、中南海の周りに一万人の男女が座り込んだことが、中南海の要人たちを震え上がらせた。法輪功のメンバーの中に共産党の幹部や元老の家族が加わっていることが判明すると、彼らはパニック状態に陥ったという。

けれども、当時の中国人社会では、法輪功の登場はある意味当然なことだといわれていた。改革・開放は結局貧富の差を拡大し、貧しい者の将来の社会的保障をどんどん奪い取っていった。病気になっても医療保険が使えないならば、気功で予防する。そういう仲間たち、とくに老人たちが互いに元気かどうか確かめ合うために集まる。来世に救いを求め、現世は健康で元気に生きていこうという運動が共感、共鳴を得て中国全土に広がっていったということではないだろうか。だが、共産党は法輪功が大宗教運動になり、かつての義和団のような存在となることを極度に恐れて、徹底的に弾圧を始めた。

国務院民生部社団管理司長は九九年、「法輪功は宗教ではなく邪教である。人権擁護のために取り締まる」と表明した。その根拠は、法輪大法研究会および関連組織は法律に基づく登記をせず非合法活動を行った、迷信・邪教を宣伝し、大衆を欺き、騒動を起こし、社会秩序を破壊したというもので、「社会団体登記管理条例」に基づき非合法組織と認定した。

〇〇年になると国務院新聞弁公室は、「法輪功は国際的な反中国勢力の手先・道具である」と非難を開始した。同時に、中国政府は法輪功を国家と社会主義の転覆を図るものとしてとらえ、法輪功対策を厳粛な政治闘争と位置づけ、激しい弾圧を続けた。
○二年八月、中国当局の発表によると、法輪功組織の被拘禁者・逮捕者は十万人以上、労働改造所送りは二万人以上、懲役刑服役者は五百人以上におよんだ。

★外国人による布教や伝道活動を禁止する

○四年一一月、宗教事務条例が公布され、翌年の三月一日より施行された。
これは十六回党大会で確立した、党の信教の自由政策を法律に基づき明確にすることにあり、九四年に制定された宗教活動場所管理条例と外国人宗教活動管理規定のうち、前者を廃止し後者を補完、充実するものだ。

決められた五つの宗教についての〝自由〟を保障するが、しかし、それはあくまでも国家の利益と社会の公共の利益にかかわるもので、それが大前提になっている。

宗教の自由については、「公民は宗教信仰の自由を有し、いかなる組織または個人も公民に宗教信仰または不信仰を強制できず、信仰または不信仰の公民を差別してはならない」と規定した。つまり、「この宗教を信じなさい」「信じてはいけない」の両方を強制してはならず、信じるか信じないかで差別はできないとしたのだ。

しかし、その代わりに義務があり、当然ながら、憲法、法令の遵守および国家の統一、民族の団結を求めているが、これは宗教上の理由からも台湾統一に反対してはならないと訴えているように読み取れる。

さらに、いかなる組織も個人も、宗教を利用して、社会秩序を破壊したり、公共の利益、公民の合法的活動に損害を与えてはならないとし、宗教活動に外国勢力の介入、支配を許してはならないと規定した。こちらは地下教会の活動を意識したものである。

さらに、宗教団体は「社会団体登記管理条例」の規定に基づき登記されなければならないとした。これが一つの宗教につき一つの団体しか認めないという規定の根拠になっており、前述したように、各国の商工会についての一国一商工会という拡大解釈につながったのだ。

一方、外国人は国内の寺院や教会等の宗教活動を行う場所で宗教活動に参加できることになっているが、それは実質的には、一級行政府以上の関係当局がそれにふさわしいと認定した場所でのみ活動することができるとした。これで海外の宗教団体の大掛かりな活動を実質的に封印することになる。

外国人は本人個人用の宗教印刷物やその他の宗教用品を中国に持ち込むことはできるが、それが布教・宣伝用であってはならない。また、外国人は中国国内で宗教組織を設立したり、宗教施設を設立することはできない。外国人による布教や伝道活動を禁じているのである。

さらに、外国人は中国国内の宗教社会団体や、それら団体の教職人員に対する選任や変更について干渉してはならない。外国人が中国人を宗教教職人員に任命すること、信者を増加させること、勝手に説教すること、宗教関係の印刷物や電子出版物を作成販売することなどを禁じるなど細かい規定がなされている。

以上紹介してきたこれらの規定は、結局、法輪功の一件で中国政府が国内での宗教活動に対していかに神経質であるかを内外に再確認させる結果となったといえる。

★増え続けるカトリック教徒

中国国内のカトリック信者数は、革命直後の四九年には三百万人であったのが、現在では千二百万人を越える勢いで増加していると見られる。

これらの信者は、三つのカテゴリーの司教の下に組織されている。

一つは、中国政府に公認されているが本家のバチカン教皇に認められていない、いわゆる地上の教会の司教。彼らは五七年、中国共産党がバチカン教皇の管轄権を排除するために成立した「中国カトリック愛国会」の下に、バチカン教皇の許可を得ないで愛国会が叙階した司教で、現在、二十五名程度いるといわれている。要するに、共産党官製の司教であり、愛国会司教と呼ばれているが、中国の敬虔な教徒の中には彼らをニセ司教と呼ぶ者もいる。

二つは、政府、バチカン教皇の双方から承認されている地上教会の司教。かつて彼らの中には、バチカン教皇への忠誠から愛国会に反発し投獄された者もいたが、現在は中国全体のカトリック教会発展のため、愛国会と協調し地上教会の運営に当たっている。口の悪い教徒にいわせれば、「彼らは寝返ったまではいかないにしても、半分転向したような人たち」だそうだ。それでも教皇から密かに叙階された司教が、現在、五十人以上いるといわれている。

三つは、バチカン教皇には認められているが、政府には認められていない地下教会の司教だ。彼らはバチカン教皇の権威を優先し、中国政府の管轄が及ばない地下教会で活動している。現在数十名はいるようだが、そのうち一部は自宅監禁され、六名は収監されているという。

現在、中国には五百万人近い地上教会の信者と七百万人近い地下教会の信者がいると推測される。都市部の教会においては、大学生を中心とする知識分子の信者が急速に増加している。実際、私が三年間暮らした上海でも、教会に信者があふれかえっていたほどだった。

地下教会の共同体は、文革時の迫害を生き延びた古くからのカトリック信者の家庭を中心として活動してきた。七五年、香港のカトリック教会は〇二年に死去した胡振中枢機卿を中心に「Holy Spirit Study Centre」を設立し、大陸の信者の支援活動を開始した。八〇年当時、大陸に残っていた司祭は約千名で平均年齢七十歳、将来を見据えて若い司祭の育成が喫緊の課題だった。そこで当初は地下教会を中心に司祭の育成に尽力し、八二年には上海の佘山に初めて地上の神学校を設立し、その後、中国全土において約七百名の新たな司祭が生まれた。

香港の教会を中心とする外国からの支援を得て、現在約三百名の中国人司祭、神学生、シスターが欧米やフィリピンで留学・研修中であるという。

現在千二百万人の信者はカトリックに限った数字で、プロテスタントはさらに多い可能性があり、一説によると、中国国内には約八千万人のキリスト教徒が存在すると報じるマスコミもあるほどだ。それが本当であれば、共産党員を上回る数ということになる。

なぜ、このように中国でキリスト教が急速に浸透してきたのか。

一つには、政府から信仰が正式に許されたからだろう。

そして最大の理由は、庶民の嘆き、怒り、諦めがそこに集約していったのだと思う。これは法輪功が急速に普及したことと通ずる。現実に起きる社会の不公正が目に余り、一般の人々はいまの中国共産党政権に悲観せざるを得ず、来世に救いを求める方向に向かうしかなかったのではないか。

それが仏教、道教、回教といった伝統的な宗教に向かわなかったのは、中国人特有の拝欧主義、欧米コンプレックスに起因するとも思われる。

★外国の目が中国を救うという論理

本書で繰り返し述べてきたとおり、この国が抱えるあらゆる問題がブラックボックス化し、その不透明感が大きな脅威となっている。それは同時に中国自身が自滅する脆弱性にもつながっている。

絶対権力は絶対的に腐敗するものだ。絶対的権力者が自分たちに不利な情報を流させないからで、本人たちはチェックしようがない。したがって、この国の末端の人々がどのような状況になっているかをすべて理解している共産党の要人はまずいない。

胡錦濤国家主席が農民、農村、農業の三農問題を党大会でこの三年間連続して取り上げても目立った改善がなされないのは、その証左であろう。正しい情報が正しく上がっていかない一方で、どういう指示を行っても、それがきちんと履行されていないのが現状なのだ。

これだけ豊かになった部分があるのだから、それを貧しい部分に充当して立て直すことをなぜ中国はできないのか。それこそが社会主義の目的だったはずで、台湾統一や民族主義を鼓舞することが第一義ではないはずだ。中南海に住む指導者たちは農民を軽蔑する対象としてではなく、どういう状況に喘《あえ》いでいるかを何のフィルターも通さずストレートに見ることだ。それを見て初めて、三農問題を打開しなければ自分たちの国家は破滅すると認識できるわけである。

そういう真の情報が中南海にはまったく届いていない。残念ながら、彼らの目を覚ますためには、外からの力を借りなければならないだろう。朱鎔基がＷＴＯ加盟をテコに国有企業改革を断行したように、今後も外圧を利用するしかないというのが私の考えである。

その手立てとして、もっとも有効なものが「バチカンとの国交正常化」であろう。

約三十万人のカトリック（天主教）信者がいる台湾の人たちは反発するかもしれないが、バチカンが中国と国交正常化しても台湾とバチカンの関係は実質的には変わらない。以下、私の考えを述べたい。

天安門事件が発生したとき、米ＣＮＮが天安門の現場から惨状を世界に知らしめたことが、さらなる言論弾圧の歯止めとなった。いまや中国の腐敗汚職の問題は、大都市の一部の地域に限られるものではなく、全国的に蔓延している。その現状を正確に外国に伝える力を潜在的に備えているのは、世界最大のネットワークを持つバチカンに他ならない。

そのためには、まずバチカンと中華人民共和国とが国交正常化を果たして外交関係を結び、大使館を置かなければならない。そうなれば、中国はカトリックのミッショナリーの派遣をある程度認めざるを得なくなる。ミッショナリーは、布教および教育のため中国内に網の目のネットワークを張り巡らせ、中国社会の末端にまで救いを求める人を探しにいき、そこでの情報をカトリック教会のルートで世界中に流すのだ。しかも、すでに地下教会の信者は七百万人を超えている。

中国社会の末端から炙《あぶ》り出された生々しい情報が世界の中で最も権威が確立しているカトリック教会の名で世界中に伝えられては、さすがの中国共産党もこれまでのような情報操作でこれを消し去ることはできない。そこで初めて正しい情報に基づく正しい判断が生まれてくるのではないだろうか。

中国の民主化を進める――とりわけ言論の自由を補完するものとして、カトリックという一つのメカニズムを使うことは非常に有効であると考える。

カトリックルートを使い、中国で起きている現実を隈なく監視し、それが圧力となって、中国社会の末端の腐敗や汚職の不公正が少しずつ是正され、義務教育や基礎医療が充実していく。それを長い時間をかけ根気よく繰り返すならば、必ずや中国国内には軍事費より優先すべきものがあるという認識が広範な国民の間に広がっていくはずである。

知ってのとおり、バチカンは、五一年に司教の任命権をめぐる対立のため中国と断交した。だが、バチカンと中国との国交正常化への努力は続けられてきた。

ネックとなってきたのは、当然、前述した中国愛国教会の存在と、中国政府のバチカン教皇派教徒に対する弾圧だった。カトリック教徒をコントロールするために中国政府側が操る愛国教会と、地下教会で身の危険を感じながら活動しているバチカン教皇を仰ぐ教徒たちの関係をどうするかが、最大の障害となっている。

だが、最近の報道によれば、バチカン・ローマ法王庁のラヨロ外務局長は、「中国との外交関係確立に向けた対話の機は熟した」と語っている。さらに、「バチカン大使館を現在外交関係のある台湾から北京に移す用意がある」とも言及しており、予想外に早くその日が訪れる可能性が出てきた。

そうなれば、中国は自己崩壊を未然に防ぐ千載一遇のチャンスを得ることになるかもしれない。

★シュリーマンが中国で見つけたもの

トロイの遺跡発掘で有名なドイツの考古学者のハインリッヒ・シュリーマンは一八六〇年に清

代の北京、上海に続き幕末の日本を訪れ、『La Chine et le Japon au temps present』（邦訳は『シュリーマン旅行記　清国・日本』講談社学術文庫）を著した。これはドイツ政府から受けた仕事ではなく、シュリーマンが一個人として中国と日本を冷静に見て書いた純粋に私的な比較論だ。

一八〇〇年初頭の中国は、世界のＧＤＰの三〇％近くを占めていたとの統計がある。一八六〇年当時もわが国のＧＤＰより数十倍大きかったと推察される。

ところが彼が中国に入ってまず感じたのは、「この国は不潔」ということだった。とにかく何もかもが汚くて触りたくない、と記している。北京の故宮も手入れが悪く、ひどい有様だったという。

日本に着いてみると、最初の横浜の港では皮膚病患者が多くて驚いたようだが、その後の滞在で日本人がいかに清潔好きかを詳しく書き連ねている。毎日風呂に入り、よく洗濯したものを身につけ、道路は掃除が行き届き、家畜までもがきれいであり、中国とはまったく異なると強調している。さらに彼が訪ねた武家屋敷はどこも手入れが行き届いており、日本庭園の素晴らしさ、文化水準の高さに舌を巻いた。

もう一点、シュリーマンが強調しているのは官吏の汚職の問題である。

日本入国の際、係の役人に「荷を開けろ」といわれたので、袖の下を渡そうとすると、きっぱりと拒否された。にもかかわらず、役人は、忠実に職務を遂行し、丁寧に荷物を扱った。カネ目的と思われたくなかったのか、検査は一つの荷物だけで済ませ、後は検査しなかったと書いてある。

さらにシュリーマンを驚かせたことがあった。

当時の日本は攘夷論全盛で、外国人にはきわめて危険な状況といえた。江戸にはイギリスのパークス公使一人だけが残り、外国人は全員横浜に疎開していたほど、当時の江戸は外国人が住むには危ない場所だったのだ。

だが、シュリーマンはどうしても江戸に行きたいとパークス公使に懇願した。パークスが江戸幕府と交渉した結果、五人の護衛付きでの江戸滞在を許された。五人の武士に四六時中監視される中での生活であったが、シュリーマンと一緒にいるということは、すなわち彼らにも殺される危険性があった。

江戸滞在を無事に終えたとき、心からの感謝の意味で礼金を申し出ると、五人はかたくなに拒んだ。

「むしろ彼らは、お金に換算されることが自分たちの行為を汚されたように受け取っていたようだ」

そうシュリーマンは述懐している。彼らが公務に忠実であることに誇りを持っていることに、シュリーマンは驚き、非常に関心を示した。

中国の環境衛生、官吏の質等の問題は単に現在の中国共産党の体質によるものではなく、根深いものであるということを、このシュリーマンの日中比較論は示唆していると思うのである。

中国の体質を変えることは容易なことではない。中国の存在がこれほど大きく、世界に影響を及ぼすようになったため、中国の国内問題が、中国の内政問題にとどまらなくなってしまった。中国の問題はもはやすべてが地球的規模の問題だといって過言ではなかろう。したがって、中国の隣に住むわれわれにとり、中国の抱えるあらゆる問題を対岸の火事視することはできない時代になってきた。

日中関係の相互依存関係がこれほど深まったことは二千年の交流史の中で初めてではなかろうか。インターネットやその他のＩＴ革命により、いったん情報が流れれば、それが正しいものであれ、そうでないものであれ、一瞬にして千里を走る。こういう時代にわれわれはそれぞれのナショナリズムを抱えながら、お互いにつきあっていかざるを得ない。それには何よりも相手に対する尊敬の念と同情の念を抱いている必要があるのではなかろうか。

以下の付録は、筆者が中国において講演会やシンポジウムに参加した際、中国側から必ずといっていいほど提起される質問を取りまとめたものである。それぞれの内容は〇五年に別途雑誌および学術誌で発表されたものである。質問の立て方で、内容的に重複するところがあり、多くの部分が本文の中でも述べられている。しかし、読者が今後中国人から同様の質問を受けた場合に、念頭においていただければ、何らかの役に立つのではないかと思い、あえて収録したものである。適宜、参考にしていただければ幸いである。

付録①

日中を隔てる五つの誤解と対処法

（初出：『月刊現代』二〇〇五年十一月号）

★個人の歴史認識を問い質されることも

日中貿易の量的拡大や人の往来の多さに比べ、日本人と中国人との相互理解は一向に深まらない。それどころか、日中の関係が深まれば深まるほど、逆に文化ギャップなどによって矛盾が増えトラブルは絶えないというジレンマに苦しんでいる。

私が外交官として中国で働いた経験の中でもっとも腐心し、また現場を去ったいまも心を砕《くだ》いているのが、両国民の感情的対立をどう解決すべきかという、まさにこの課題だった。

なぜ日本は中国と今日のような対立構造に陥ってしまったのか。

日中間には過去の戦争による加害者と被害者という関係もあり、事情は他の国よりも複雑である。

私は、九八年六月に北京に赴任し、後に上海総領事となって、〇四年十一月に帰国するまでの六年余りの間、深刻の度を深める日中の対立をつぶさに現地で見ることとなった。

この間、日本の過去の行いに対し、激しい怒りを直接ぶつけられるような場面にも何度も立ち会った。

ある老人は、「日本の軍人たちが自分の目の前で中国人に犬をけしかけ嚙《か》み殺させるところを見た」と私に向かって声を荒《あら》げたこともあった。また、別の中国人が「自分の親しい者が銃剣で腹を割《さ》かれたんだぞ」と感情を剝《む》き出しにしたこともあった。

それぞれ議論の入り口は過去の歴史とは関係のないことでも、論争が白熱すればすぐにこういった方向に流れていくのも中国との関係に見られる特徴である。

これほどの例は少ないにしても、中国に暮らしていたり、頻繁に中国を訪れていれば、雑談の場で突如として個々人の歴史認識を厳しく問い質《ただ》されることはけっして珍しくはない。
「日本は過去の戦争をきちんと反省していないし、賠償もしていないではないか。それを中国人は許してきた。それなのに……」

商談相手から突然こんな具合に責められたとき、いったいどれほどの日本人が咄嗟《とっさ》に反論できるだろうか。

多くの場合、ただ黙ってうな垂《だ》れ、返す言葉もなくしてしまうのだろう。

これは、戦後の日中関係を象徴しているともいえる。

だが、いつまでもこうした一方的な関係を続けていては、日中関係にはいずれ破綻が訪れるであろう。

過去の問題は真摯《しんし》に受け止めつつ、今後は日本も、主張すべきことはきちんとするという新たな姿勢で中国に臨み、新時代の関係を築かなければならない。

とくに、日本が戦後取り組んできた平和への努力は、中国人にも正しく理解してもらわなければならない。そうでなければ日本の新しい世代にとって中国との関係は大きな負担でしかなくなってしまうからだ。

しかし、残念なことに中国を訪れる日本人でさえ、日本がどういう立場からどんな戦後処理を行ってきたのかほとんど理解していないのが現実だ。

このポイントを正しく把握しない限り、相手の立場を認めながらこちらも主張をするという議論の前提を確立することはできない。

★日本と中国の対立点

では現在、日中間にはどんな対立点や矛盾が横たわり、互いがどんな主張をぶつけあっているのだろうか。ビジネスで中国を訪れるのであっても、日本人として日中の対立点を最低限理解しておくことが必要不可欠な時代を迎えている。

いま中国人が日本に対して抱く不満、それに絡んで中国でよく遭遇する批判や質問の中から代表的な問題を摘出し、政府の公式見解を踏まえたうえで私なりの視点から分析してみたい。

一、首相による靖国神社への参拝は、軍国主義を肯定し、再び過去の過ちを繰り返そうとしている証拠だ。

いまの日本人が靖国問題をもって中国人から「日本は再び軍国主義の道を進もうというのか」、「また戦争をするつもりか」と問い詰められたとしても、あまりに日本社会の現実との乖離があり当惑するしかない。

しかし、一方で中国がこの問題に神経を尖《とが》らせるのにも理由はある。

靖国神社の首相参拝で、中国が問題としているのは、「A級戦犯が祀られている神社」であることだ。国のために戦った兵士をその国の最高指導者が慰霊することには中国共産党の指導者たちも理解を示している。少なくとも現状では、B・C級戦犯について問題にする動きもない。

中国がA級戦犯にこだわる理由は、七二年の日中国交正常化の際、当時の中国国民には認め難い条件で交渉が進められたことと密接に結びついている。

とくに、賠償放棄は、戦争犠牲者の親族・縁者がまだ多く生き残っていた中国で、本来ならば国民の支持を得ることは難しい問題だったと考えられた。

しかし当時は、毛沢東や周恩来といった強烈なカリスマ指導者がそれを可能にしたのだが、このとき周恩来が国内に向けて行った説得が「先の日本軍による中国侵略は一部の軍国主義者が発動したものであり、大半の日本国民は中国人民同様被害者である」という理屈だった。

この一部の軍国主義者であるA級戦犯を首相が参拝するとなれば、「七二年当時のロジックが崩れてしまう」というのが中国の主張である。

つまり、靖国への首相の参拝を見過ごせば国内向けに行ってきたこれまでの説明が破綻し、政府が苦しい立場に追いやられるというわけだ。

この中国政府の訴えには日本も耳を傾ける必要はあるだろう。

★「参拝目的」を説明すべき

だが、かといって首相が参拝をやめるという選択は、中国の圧力により、国のため命を犠牲にした兵士に対する慰霊を止めてしまうのかとの感情的なしこりを残し、日中関係をさらに複雑にし、かえって後世に禍根《かこん》を残す結果を招きかねない。

日本の首相は再び軍国主義を復活させようとする意図や、過去の戦争を美化しようとする目的から靖国神社に参拝しているわけではない。中国の指摘で参拝を中止すれば、中国が抱いた疑念を肯定し、靖国神社参拝の理由にも整合性が失われてしまう。このことは、靖国神社へ参拝することの意味を歪《ゆが》め、国内的にも混乱をもたらしかねない。

現状、日本が力を注がなければならないのは、むしろきちんと「参拝する首相の立場」を説明することだろう。

実際、日本政府は一九八六年八月十四日に後藤田正晴官房長官の談話としてはっきり「参拝の目的は、靖国神社が合祀《ごうし》している個々の祭神と関係なく、あくまで祖国や同胞等のために犠牲になった戦没者一般を追悼」するためと語っている。また、〇四年年頭および〇五年八月八日の衆議院解散後の記者会見でも、小泉首相が「心ならずも戦場に行かなければならなかった、命を落とさなければならなかった人々」と、参拝の対象を限定する表現で述べている。

戦後の靖国神社は、日本国民の間では「無名戦士の墓」と同等の施設として定着し、そこに参拝することは「平和の誓いを新たにすること」であり、けっして「A級戦犯の顕彰」ではないのである。

二、日本は過去の戦争について中国に対しきちんと謝罪をしていない。

じつは、中国人のほとんどが、日本は過去の侵略戦争についてきちんと謝罪をしていないと考えている。とくに、中国人との議論の中では「謝罪をしたか否か」の論点を飛びこえ、謝罪をしていないことを前提に「なぜ謝罪しないのか」といきなり詰問調で責められることもしばしばである。

これは、歴史に関し自由に意見を発表できる日本から過去の戦争を肯定するような論調が伝わることや、閣僚の失言がクローズアップされて、中国でたびたび問題になることなどが影響しているのだろう。また政府間では、たとえば九八年に江沢民国家主席の来日に際し、謝罪という文言を共同声明の中に明記するかしないかで綱引きが起きるといったことも中国人にそんな印象を与えているのかもしれない。

★日本はこれまで二十回以上も謝罪

ただ、大切なことは日本がきちんと謝罪を行っているか否かであり、これに関してははっきりいえることは、謝罪はきちんとしてきているということだ。

これまで日本は、内閣総理大臣の発言として表されたものや天皇陛下のお言葉など合わせて二十回を超える謝罪を行ってきた。そのすべてをここに記すことはできないが、最も基本的なケースでは日中国交正常化時の田中角栄首相の演説がある。

訪中した田中首相は、「過去数十年にわたって、日本が中国国民に多大のご迷惑をおかけしたことについて、私は改めて深い反省の念を表明する」と謝罪の意を表したのだ。日本人が聞けばきちんとした謝罪であることは明らかだが、この「ご迷惑」が中国語ではスカートに水をかけたときに使うようなきわめて軽い意味の「添了麻煩」と通訳されたことで中国側の誤解を招き、感情までも害してしまい、一時は会談が決裂する寸前までこじれたのは有名な話だ。だが、田中首相が「迷惑とは誠心誠意の謝罪を表します」と改めて説明したことで、この発言の意味は「謝罪」としてより明確になっているのである。

中国側もこれを誠心誠意の謝罪と受け止めたことは、当時の姫鵬飛外相の回顧録『飲水不忘掘井人』の中で、「日本語で迷惑をかけたとは、誠心誠意謝罪する意味であり、今後は同じ過ちを繰り返さない、どうか許してほしいという意味なのだ。……こうしてお詫びの問題は解決された」と明記されたとおりである。

つまり、「多大の迷惑」という表現をお詫びの言葉として中国側が理解したことは、日本側ではなく中国側の文献によっても確認されるのだ。

★村山首相の謝罪

そして、歴代総理のなかでも最も踏み込んだ表現で謝罪を行ったのは九五年、戦後五十周年にあたる年に発出された村山富市首相の談話である。この中で村山首相は、「我が国は、遠くない過去の一時期、国策を誤り、戦争への道を歩んで国民を存亡の危機に陥れ、植民地支配と侵略によって、多くの国々、とりわけアジア諸国の人々に対して多大の損害と苦痛を与え」たと率直に認めたうえで、「この歴史の事実を謙虚に受け止め、ここに改めて痛切な反省の意を表し、心からのお詫びの気持ちを表明いたします」と語っている。これは、疑いようのない明確な謝罪である。この村山総理談話における謝罪の表現は、〇五年八月十五日発表された戦後六十周年の小泉総理談話でも引き継がれている。

総理大臣だけではなく、今上天皇は八九年四月十三日、皇居における李鵬国務院総理との会見で「遺憾ながら不幸な一時期があった」と述べられている。また、天皇はこれに続き、九二年の北京における楊尚昆国家主席主催の歓迎宴で、より踏み込んだ表現で、「我が国が中国国民に対し多大の苦難を与えた不幸な一時期があった。これは私の深く悲しみとするところである。戦争が終わったとき、我が国民は、このような戦争を再び繰り返してはならないとの深い反省にたち、平和国家としての道を歩むことを固く決意して、国の再建に取り組んできた」と謝罪の気持ちを表明されてもいる。

謝罪は歴代内閣が、それぞれ表現は異なるものの必ず行ってきている。それでも中国側から「謝罪がない」との反応があるのは、日本の戦後の平和への取り組みが正しく伝わっていないからだと考えられる。

三、ドイツの戦後の行いに比べて日本は反省もなく十分な謝罪も賠償もしていない。

ドイツは、中国人が日本の戦後処理を非難する場合に必ず持ち出される比較対象である。多分に「ドイツを見習え」という文脈で使われる。

この論点は、当然だが前に挙げた謝罪の問題とも密接に関係してくる。どのようにして中国にこんな誤解が広がったのかは判然としないが、「ドイツは賠償も謝罪もきちんとしているのに日本はしていない」と思い込んでいる中国人は少なくないのだ。

では、実際に日本の戦後処理はドイツに比べて劣るのだろうか。

結論から先にいえば、両者は互いに戦争の仕方も戦後に置かれた状況もまったく異なるため、比較して優劣をつけることは難しいのが現実だ。

たとえば日本の場合、やり方にはいろいろ批判もあるだろうが一応は国家間の戦争における加害であるのに対し、ドイツが問われたのは主にナチスの犯罪行為であり、それは一つの民族を「浄化する」という目的の下で第二次世界大戦前から組織的に遂行されてきた反人道的な犯罪行為である。問題は戦争行為とは別次元の大量虐殺だ。

このため、ニュルンベルク裁判では、人道に対する罪で十五人が有罪判決を下されたのに対して、日本が裁かれた東京裁判では同じように人道に対する罪で有罪となった被告はいない。

戦後の歩みも同様で、東西に分断され、一方は資本主義でまた一方は社会主義の国となってそれぞれの道を進んだドイツと日本とでは、もはや比較対象としては不適当なほどの違いが生まれてしまっている。

しかし、比較できないというだけでは誤解を招いてしまうので、はっきり日本の立場を主張しなければならない事柄もある。

第一に、日本が「謝罪も賠償もしていない」という批判についてだが、すでに触れたとおり謝罪は歴代首相がその都度行ってきている。一方のドイツは、ワイツゼッカー元大統領の有名な言葉「過去に目を閉ざせば未来は見えない」に代表されるように過ちを反省する姿勢を強調し続けている。

だが、意外なことかもしれないが、ドイツ政府が日本のように国の責任として他国に謝罪したことはないのである。それは、反人道的な犯罪行為は「ナチスというきわめて特殊な集団が行ったものである」という立場を取っているからなのだ。だから、ドイツ国軍の行った戦争に関しては追咎《ついきゅう》されることもなく、また謝罪も行われていないのである。

★ＯＤＡで中国に貢献

賠償もこれと同じである。日本は、韓国に対しては請求権処理、東南アジアに対しては国家賠償を行っている。中国に対しては、中国共産党政権が七二年の国交回復時に「賠償放棄」をしたことで国家賠償は行っていないが、ＯＤＡという援助の形で中国の経済発展に貢献している。このＯＤＡに対しては中国ではよく「返済するお金なのだから日本にも利益がある」との主張も聞かれる。中国政府首脳の中にもこうした考え方が根強くあるのだろう。だが、はっきりいってこの考えは誤りだ。ＯＤＡ総額約三兆円のグラント・エレメント（贈与要素）は六五％、つまり約二兆円は実質的な援助であると国際的に認定されているからだ。

では、ドイツはどうか。実は国家賠償という意味での賠償をドイツは一切行っていない。ただし、このことをもって「むしろドイツよりも日本のほうがきちんと謝罪も賠償も行ってきた」ということはできない。

ドイツはナチス被害者に対する個人賠償を行ってきているのに加え、周辺諸国への援助や東欧からの難民の積極的受け入れなどによって十分な貢献をしたと考えられているからだ。その総額も六兆円とされ、これは日本と比べても規模が大きい。

そして何より、国家の東西分断という痛みや領土の割譲といった金銭でははかりがたい苦痛を味わったことを考えれば、日本はむしろ幸運であったと考えられなくもない。

四、教科書問題によって明らかになったとおり、日本の歴史認識は不十分であり、過去の侵略戦争を美化しようとする意図がある。

この議論でもっとも歯痒《はがゆ》いのは、やはり戦後の日本が努力した平和への取り組みについて中国ではまったく知られておらず、評価の対象となっていないことだ。極端なことをいえば、中国人の頭の中ではいまだに日本は戦前のままなのである。

そのため、中国は歴史認識に関する日本の動きには、つい過敏に反応する傾向がある。

そもそも日本の教科書検定において、国は特定の歴史認識や歴史事実を確定する立場をとってはいない。記述についてはあくまで教科書をつくる著者や編集者の判断に委《ゆだ》ねられているのである。

検定の具体的な作業としては、申請された図書の内容や具体的な記述について客観的な事実や資料に照らして欠陥や誤りを指摘することを基本としており、むしろ著者や編集者の裁量を尊重する傾向にあるといえるだろう。

★「南京大虐殺」の記述

また、実際に教師が現場で行う教育は文部科学省が告示している学習指導要領にしたがって行われているが、ここには、「アジア近隣諸国との関係に着目して、戦争までの経緯と戦争の惨禍《さんか》について（生徒に）理解させること」と明記されているのだ。

現実に、小学校から高等学校までの歴史教科書を見る限り、先の大戦などによって日本がアジア諸国に対し多大の損害と苦痛を与えたことについて具体的な記述はきちんとされている。

日中間では〇五年も教科書をめぐり中国が日本に対し不快感を露《あらわ》にする場面があった。しかし、〇五年検定済みの中学社会科、高校日本史の教科書全二十六冊を見てみると、そのすべてに「南京大虐殺」の記述はあるのだ。

したがって、「日本政府が教科書検定制度を通じて日本の学校教育における歴史を歪曲《わいきょく》しようとしている」といった中国の指摘は、正しくないものだといえよう。

五、尖閣諸島は古くから中国の版図にも描かれているとおり中国の領土だ。日本は不法占拠を即刻やめよ。

このテーマはもちろん東シナ海の資源開発をめぐる問題にも結びつくものである。

中国ではすでに日本が不法に尖閣諸島を占拠していることを前提として、「なぜ返さないのか」と、あたかも日中間でやり残した戦後処理のように扱おうとしている。そのため、事情を知らない日本人は戸惑うことになる。

だが第一に、沖縄の西南に位置する尖閣諸島は、台湾や澎湖諸島などとは明らかに違う手続きによって日本国の領土に編入されたものであって、下関条約などとは一切関係ない。改めて指摘するまでもなく戦後問題とは一線を画するテーマなのだ。

現在、中国が尖閣諸島を自国領土とする根拠は主に三つある。一つは歴史的視点から中国人が第一発見者であること。第二に、古い中国の版図に同諸島が描かれていること。第三に、尖閣諸島が中国の大陸棚のなかに含まれるというものだ。

★かつてはカツオブシ工場も

だが、こうした中国の主張は国際法的な常識からみても明らかに的外れといわざるを得ない。

これに対し日本政府は、明治十八年以降再三にわたる現地調査を繰り返した結果として、これらの島々が単に無人島であるのみならず清国の支配が及んでいないことを慎重に確認したうえで公告し、領土として編入している。もちろん、これに対して中国（当時の清国）から抗議が出されたという事実もない。

その後、日本は実効支配を続けており、一時期は、同島でカツオブシ工場が稼動し、鳥の剥製《はくせい》が作られていた。

これら一連の手続きは、国際法の視点からも極めて適当で、領土としての要件も満たしている。

また、戦後はサンフランシスコ平和条約に基づき南西諸島の一部として米国の施政権下に置かれ、射爆場などとして使われたが、沖縄が日本に返還されるのに際して尖閣諸島も一緒に返され、現在に至っている。

ちなみに、米国の施政権下にあった時代にも中国が抗議を行った事実は一度としてない。中国が突然、尖閣諸島を自国の領土であると主張を始めたのは、六八年、日韓及び台湾の海洋専門家が国連アジア極東経済委員会の協力の下で東シナ海の海底学術調査を行い、この海域に豊富な天然資源が眠っている可能性が指摘されてからのことである。

以上、見てきたようにすべての論点で各々の主張はある。現状では、自己の事情にのみ互いがこだわり、合意の前提である効果的な話し合いさえできてはいない。ただ一方的に妥協するという意味ではなくきちんと距離をつめて議論をぶつけ合う必要がある。そのことが仮に一時的に関係の悪化をもたらしたとしても、この道は真の相互理解にとって避けて通れないのだ。まずは、日本人も勇気を持ち主張すべきことを堂々と主張すべきであろう。

付録②

日本と中国：「過去」をめぐる摩擦七つのポイント

○五年四月、中国各地で繰り広げられた反日デモは、いぜんとして「過去」の問題が日中間に刺さった太いトゲであることを見せつけた。「過去」の問題は多岐にわたって複雑だが、この問題の背景と摩擦の主な内容について整理してみた。

一、中国での反日教育の背景

㈠中国は十九世紀後半から、外国から軍事的に威嚇され、半植民地化した歴史を持つ。とくに、義和団事件に端を発する列強からの干渉は、百年後の今日にいたるまで、中国人の深層心理の中に、「中国は外国から常にうとまれ、いじめられてきた」という、いわゆる「義和団コンプレックス」が根を張っている。とくに日本に対しては、歴史的に見て中国のほうがはるかに強大で発展していたとの意識があるために、二十世紀初頭の日本のさまざまな干渉、一九三〇年代から十数年に及んだ日本の侵略に対して、いまにいたるまできわめて強い反発が残っている。

㈡これらの反発は、その時代の実体験をもつ世代だけではなく、戦後生まれの世代にも、家庭や学校教育及び共産党の宣伝を通じるいわゆる「愛国教育」によって綿々と引き継がれてきた。さらに、最近ではインターネットの普及により、ネットの利用者が、日本軍による残虐行為の見るに耐えない映像や文書を大量に流し、とくに若い世代に対日イメージの急速な悪化を引き起こしている

㈢中国では、七九年から始まった改革・開放政策の推進と共に、貧富の格差が急激に拡大し、統治機構のあらゆる段階で腐敗汚職が蔓延している。このため共産党は、党の支配の正統性を維持するため、また党に対する求心力を維持するため、国民の民族感情に訴え、ナショナリズムを煽ることによりこれを達成しようとする。

㈣その最も効果的な方法が、祖国統一の大義を高くかかげること、また日本の植民地支配を打ち破った共産党の過去の栄光を教育することである。こう見てくると、祖国統一すなわち台湾問題の解決と日本の歴史認識の問題は、共産党政権の正統性と直結する問題であり、いわば党是ないし国是の問題となっている。したがって国内的に柔軟な対応をとることが極めて困難である。

㈤なお、満州事変以来の日本軍の残虐行為について繰り返し教育する要因の一つとして、四九年

以来の共産党の大躍進政策、その後の大飢饉、文化大革命、八九年の天安門事件など、共産党の過去の失政を隠蔽したり、現在の目に余る貧富の格差や腐敗・汚職等から国民の目をそらす狙いがあることも指摘できる。

二、日中間の戦後処理はどのように行われたのか

(一)日本と中国との戦争状態は、五二年四月二十八日に調印され、同年八月五日に発効したいわゆる日華平和条約第一条によって終了した。また同時に調印された平和条約議定書一(b)の「中華民国は、日本国民に対する寛厚と善意の表徴として、サンフランシスコ条約第一四条(a)一に基づき日本国が提供すべき役務の利益を自発的に放棄する」という文言によって、中国は、日本に対する賠償の請求権を放棄した。

(二)ただし、戦後日本国から分離した地域、すなわち台湾および澎湖諸島における日中それぞれの請求権の問題については、日華平和条約第三条により、日本国と中華民国政府の間の特別取り決めの主題とすることが定められたが、七二年九月中華人民共和国との間で日中国交正常化交渉が行われ、その結果、日華平和条約が「存続の意義を失い、終了した」ため、特別取り決めを結んで処理することができなくなった。

(三)他方、中華人民共和国は、国交正常化交渉をするに当たって、「『日台条約』(日華平和条約を指す)は不法であり、無効であって破棄させなければならない」とのいわゆる「復交三原則」第三項を主張したが、交渉の結果、日中両国は、中国側が提起した右三原則を十分理解する立場に立って、「日本国と中華人民共和国との間のこれまでの不正常な状態は、この共同声明が発出される日に終了する」(日中共同声明第一項)ことで合意し、日本側は日華平和条約が、存続の意義を失うまで有効であるとの立場を貫いた。また同声明第五項で中華人民共和国は、「……日本国に対する戦争賠償の請求を放棄することを宣言……」した。

三、「過去の問題」についての日本の基本的な立場

(一)終戦六十周年を迎える○五年八月十五日、小泉総理は、日本の過去の問題についての認識を示す総理大臣談話を次のとおり発表した。「我が国は、かつて植民地支配と侵略によって、多くの国々、とりわけアジア諸国の人々に対して多大の損害と苦痛を与えました。こうした歴史の事実を謙虚に受け止め、改めて痛切な反省と心からのお詫びの気持ちを表明するとともに、先の大戦における内外の全ての犠牲者に謹んで哀悼の意を表します」。戦後我が国は、「サンフランシスコ条約を受け入れて国際社会への復帰の第一歩を踏み出しました」「我が国の戦後の歴

史は、まさに戦争への反省を行動で示した平和の六十年であります」。アジア諸国との交流も深まっていますが、「とりわけ一衣帯水の間にある中国や韓国をはじめとするアジア諸国とは、共に手を携えてこの地域の平和を維持し、発展を目指すことが必要だと考えます」「過去を直視して、歴史を正しく認識し、アジア諸国との相互理解と信頼に基づいた未来志向の協力関係を構築していきたいと考えています」。

(二)なお、こうした反省、お詫びの気持ちは、九五年の村山総理大臣談話をふくめて、これまでもさまざまな機会に表明されている。

(三)賠償及び財産権の請求権の問題については、日本はサンフランシスコ平和条約、二国間の平和条約及びその他の関連する条約等に従って誠実に対応してきており、これら条約等の当事国との間においては、法的に解決済みであるとの立場を取っている。

(四)なお、日本は終戦時点では二百八十億千四百万ドルと見積もられた在外財産を放棄し、関係国による処分にゆだねた。また、これまで賠償および賠償に代わる経済協力として円換算で九千四百五十五億三千万円(当時のレートで二十六億二千七百二十五万ドル)を供与している。これらは五〇年代から六〇年代にかけて実施されたが、当時の日本がおかれた財政状況から見て誠実に対応したものである(たとえば、対比賠償は五六年に五億五千万ドル支払われたが、当時の日本外貨準備高の五八・五%を占め、年間国家予算の一八・二%に相当するものだった)。

四、日本は中国に対していつ、どのような機会に謝罪したか（代表例のみ）

㈠日中国交正常化の過程で

――日本は一九七二年、中国と国交を正常化するに当たり、共同声明の前文で、「日本側は、過去において日本国が戦争を通じて中国国民に重大な損害を与えたことについての責任を痛感し、深く反省する」と表明した。

――なお、国交正常化交渉が行われている最中の同年九月二十五日、田中首相は周恩来首相主催晩餐会での挨拶で「過去数十年にわたって、日本が中国国民に多大のご迷惑をおかけしたことについて、私は改めて深い反省の念を表明する」旨述べた。その際「ご迷惑をおかけした」の中国語訳が「添了麻煩」と訳され、これが中国語のニュアンスでは婦人のスカートに水をかけた時に使う軽い意味でしかなく、中国側に大きな不満を引き起こした。

――この問題の処理にあたって、中国側の第二回田中・周恩来会談記録（中共中央文献研究室所存）によると、田中首相は「迷惑（中国語訳「添了麻煩」）とは、誠心誠意の謝罪を表します。この言い方が中国語として適当かどうかは自信がない。迷惑と言う言葉の起源は中国だが」と述べ、口頭で明確な謝罪の表明をしている。（矢吹晋著『日中の風穴』参照）

――さらにこの問題に関しては、当時の姫鵬飛外相の回顧録『飲水不忘掘井人』で、「日本語で迷惑をかけたとは、誠心誠意謝罪する意味であり、今後は同じ過ちを繰り返さない、どうか許してほしいという意味なのだ。……こうしてお詫びの問題（中国語原語＝道歉的問題）は解決された」と明確に記されており、中国側記録で、田中総理が明確に謝罪の表明を行ったことが確認されている。（同上書参照）

(二)昭和天皇、今上天皇のおことば

――昭和天皇は、七八年十月二十三日、皇居で来日中の鄧小平副総理と会見され、日中平和友好条約の批准書交換をたいそう喜ばれ、それが非常に意義深いことであると表された。そして「日中両国には長い友好の歴史があります。かつては不幸な出来事もありましたが、しかしそれはすでに過去のこととなりました」と話された。鄧小平は、「過ぎ去ったことは過去のものとして、今後は前向きに両国の平和な関係を築きましょう」と語った。

――今上天皇「日中間には悠久の関係がある。しかし遺憾ながら不幸な一時期があった。日中間の長い歴史を十分に認識し、今後の新たな友好関係を前に進めて行きたいと願っている」（八九年四月十三日、皇居における李鵬国務院総理との会見でのおことば、『毎日新聞』同十五日付け、および馬立誠著『日本はもう中国に謝罪しなくていい』文藝春秋、九六頁）

――今上天皇「（日中）両国の関係の永きにわたる歴史において、我が国が中国国民に対し多大

の苦難を与えた不幸な一時期があった。これは私の深く悲しみとするところである。戦争が終わったとき、我が国民は、このような戦争を再び繰り返してはならないとの深い反省にたち、平和国家としての道を歩むことを固く決意して、国の再建に取り組んできた」（九二年十月二十三日、北京で楊尚昆国家主席主催の歓迎宴でのおことば、『日本経済新聞』同二十四日付け）

㈢
⑴村山総理の談話

九五年の戦後五十周年にあたる年、当時の村山総理は総理大臣談話を発出し、「我が国は、遠くない過去の一時期、国策を誤り、戦争への道を歩んで国民を存亡の危機に陥れ、植民地支配と侵略によって、多くの国々、とりわけアジア諸国の人々に対して多大の損害と苦痛を与えました。私は、未来に過ちなからしめんとするが故に、疑うべくもないこの歴史の事実を謙虚に受け止め、ここに改めて痛切な反省の意を表し、心からのお詫びの気持ちを表明いたします。また、この歴史がもたらした内外すべての犠牲者に深い哀悼の念を捧げます」と表明し、中国を含むアジア諸国に対して明確な謝罪の表明を行った。

⑵小渕総理の談話

九八年十一月二十六日小渕総理は、訪日していた江沢民国家主席との首脳会談において「九五年に発表した内閣総理大臣談話では、日本は、過去の一時期の植民地支配に対して深い反省を表明し、心からお詫びすると述べた。日本政府は中国政府に対し、再度反省とお詫びを表明する」と述べ、中国に対し直接個別のお詫びの表明を行った。

(3)小泉総理の談話

小泉総理は、〇五年四月二十二日、胡錦濤国家主席その他の各国首脳が出席するアジア・アフリカ首脳会議で行った演説の中で、中国を含むアジア諸国に対し改めて謝罪の表明を行っている。

(4)小泉総理の談話（上記三㈠参照）

小泉総理は〇五年八月十五日、戦後六十周年の節目を迎えて、「我が国は、かつて植民地支配と侵略によって、多くの国々、とりわけアジア諸国の人々に対して多大の損害と苦痛を与えました。こうした歴史の事実を謙虚に受け止め、改めて痛切な反省と心からのお詫びの気持ちを表明するとともに、先の大戦における内外のすべての犠牲者に謹んで哀悼の意を表します」との談話を発表した。

五、過去の問題に関する日本とドイツの対応の比較

㈠日本の先の大戦に関わる賠償および財産の請求権の問題については上記三㈢および㈣の通りだが、ドイツの場合は、戦後東西に分断されていたことを理由に、対戦勝国賠償はドイツ統一後であるとするロンドン債務協定（五三年）の趣旨を踏まえ、日本のように平和条約に従って国

家間で賠償等の問題を処理することを先延ばししてきた。

(二)九〇年の統一後は、ドイツは、これまでの在外資産の没収、周辺国への経済援助、東欧諸国からの難民受け入れなどによって十分な貢献を行ってきたとの認識の下、法律的には賠償問題は未解決だが、実質的には解決済みであるとの立場をとり、結局、国家賠償としての支払いは一切行っていない。

(三)しかし、ポーランドやロシア、ウクライナ、ベラルーシ等を対象に相互理解・和解基金を設立したり、チェコとの間に未来基金を設立するなど、近隣諸国との間に未来を志向した措置を導入したことも事実である。

(四)他方、国内法、二国間協定などにより、ドイツはナチスの被害者に対する補償を行った。また、〇〇年に米国においてナチス強制労働者への補償問題が提起された際には、ドイツ政府とドイツ企業が折半で百億マルクの「記憶、責任及び未来」基金を設立した。これらは、ホロコーストやナチス強制収容所の被害者に対するものであり、戦争被害者一般に対する個人補償ではない。

(五)なお、ナチスの犯罪行為は、第二次大戦開始以前から組織的に遂行されてきたものであり、戦争自体とは別次元の反人道的な犯罪行為であった。このためニュルンベルク裁判では人道に対する罪で十五人が有罪判決を受けているのに対し、極東国際軍事裁判では人道に対する罪で有罪となった被告はいない。

㈥このように、日本とドイツは戦後異なる環境下で異なる方式により戦後処理を行ってきているのであり、両国の対応を単純に比較し、評価を行うことは適当ではない。

六、中国が日本国総理の靖国神社参拝に反対する理由は

㈠中国側が繰り返し説明しているように、選挙でえらばれた日本国民の代表である総理がA級戦犯が合祀された靖国神社を参拝することは、日中国交正常化の前提を崩すものだと考えているからである。

㈡すなわち、七二年の国交正常化を決断した当時の毛沢東主席及び周恩来総理は、先の日本軍による中国侵略は一部の軍国主義者が発動したものであり、大半の日本国民は中国人民同様被害者であり、その被害者に侵略の責を負わせ、賠償を求めることはすべきではないと国内を説得し、賠償を放棄してまで正常化することに反対する声を抑え、日中国交正常化交渉の妥結に漕ぎ着けたのである。

㈢さらに、先の戦争を発動したとして極東国際軍事裁判いわゆる東京裁判で判決を受けたA級戦犯が合祀されている靖国神社を参拝することは、中国側からすれば、東京裁判の判決の受諾を受け入れたサンフランシスコ平和条約一一条の国際約束を覆すことを意味するものであり、日

本の過去の侵略行為を否定するのみならず美化・正当化する行為に等しいと映るからである。

七、日本は「過去」をどのように教えているか

㈠文部科学省が告示している学習指導要領では、アジア近隣諸国との関係に着目して、戦争までの経緯と戦争の惨禍について理解させること、としている。また小、中、高等学校の歴史教科書においては、先の大戦などにおいて日本がアジア諸国に多大な損害と苦痛を与えたことについて具体的に記述している。たとえば、中学社会科、高校日本史の〇五年検定済み教科書二十六冊のすべてにおいて「南京事件」についての記述がある。

㈡他方、検定とは、教科書の記述内容を具体的に指示するものではなく、どのような記述にするかは申請図書の著作・編集者の判断にゆだねられている。歴史教科書の検定も、国が特定の歴史認識や歴史事実等を確定するという立場に立って行うものではなく、検定基準に則って、申請図書の具体的記述について客観的な事実や資料に照らして記述の欠陥や誤りを指摘することを基本としている。

㈢したがって、政府が教科書の検定制度を通じて日本の学校教育における歴史を歪曲している、などといった指摘は正しくない。

〈参考文献〉

アンドリュー・ネイサン／ブルース・ギリ『中国権力者たちの身上調書』（阪急コミュニケーションズ）
J・K・フェアバンク『中国の歴史』（ミネルヴァ書房）
ハインリッヒ・シュリーマン『シュリーマン旅行記　清国・日本』（講談社学術文庫）
サンドラ・ポステル『水不足が世界を脅かす』（家の光協会）
レスター・R・ブラウン『だれが中国を養うのか』（ダイヤモンド社）
クリストファー・フレイヴィン編著『地球白書（暦年版）』（家の光協会）
ユン・チアン／ジョン・ハリディ『マオ』（講談社）

王文亮『中国農民はなぜ貧しいのか』（光文社）
金熙徳『日本政府開発援助』（社会科学院文献出版社）
高新『中国最高幹部人脈・経歴事典』（講談社）
黄葦町『中国的隠形経済』（毎日出版社）
朱建栄『中国2020年への道』（NHKブックス）
馮昭奎『中国の「対日新思考」は実現できるか』（日本僑報社）
樊勇明・岡正生『中国の金融改革』（東洋経済新報社）
何清漣『中国現代化の落とし穴』（草思社）
范云濤『中国ビジネスの法務戦略』（日本評論社）
南亮進／牧野文夫『流れゆく大河』（日本評論社）

馬立誠『日本はもう中国に謝罪しなくていい』（文藝春秋）
楊中美『胡錦濤』（日本放送出版協会）
楊中美『江沢民』（蒼蒼社）
李恩民『「日中平和友好条約」交渉の政治過程』（御茶の水書房）
李昌平『中国農村崩壊』（NHK出版）
劉吉／許明／黄雋青『現代中国の実像』（ダイヤモンド社）
劉傑『中国人の歴史観』（文春新書）

青樹明子『「小皇帝」世代の中国』（新潮新書）
石井明編『記録と考証・日中国交正常化・日中平和友好条約締結交渉』（岩波書店）
家近亮子『現代中国』（晃洋書房）
板垣正『靖国公式参拝の総括』（展転社）
逸見謙三『13億人の食料』（大明堂）
伊藤喜久蔵『中国のパワー・エリート像』（有斐閣選書）
伊藤貫『中国の「核」が世界を制す』（PHP研究所）
黒岩達也／藤田法子『開かれた中国巨大市場』（蒼蒼社）
国分良成『中国政治と民主化』（サイマル出版会）
国分良成編『中国政治と東アジア　現代東アジアと日本』（慶應義塾大学出版会）
小島朋之編『アジア時代の日中関係』（サイマル出版会）
小島朋之『生きた中国学』（学陽書房）

小島朋之『現代中国の政治』（慶應義塾大学出版会）
小島朋之『現代東アジアの政治』（放送大学教育振興会）
古森義久『「ＯＤＡ」再考』（ＰＨＰ新書）
古森義久『北京報道七〇〇日』（ＰＨＰ研究所）
古森義久『日中再考』（扶桑社）
鮫島敬治編『中国リスク　高成長の落とし穴』（日本経済新聞社）
鮫島敬治編『２０２０年の中国』（日本経済新聞社）
司馬遼太郎『街道をゆく　四十』（朝日新聞社）
清水美和『中国はなぜ「反日」になったか』（文春新書）
清水美和『中国が「反日」を捨てる日』（講談社）
清水美和『中国「新富人」支配』（講談社）
高橋哲哉『靖国問題』（ちくま新書）
高見邦雄『ぼくらの村にアンズが実った』（日本経済新聞社）
田島英一『中国人という生き方』（集英社新書）
田中修『中国第十次五カ年計画』（蒼蒼社）
中川昌郎『李登輝から陳水扁』（財団法人交流協会）
中野謙二『中国の社会構造』（大修館書店）
平松茂雄『台湾問題』（勁草書房）
平松茂雄『中国は日本を併合する』（講談社インターナショナル）
深田祐介／古森義久『「謝罪外交」を越えて』（小学館）

船橋洋一編『日本の戦争責任をどう考えるか』（朝日新聞社）
矢吹晋『日中の風穴』（勉誠出版）
横山宏章『日中の障壁』（サイマル出版会）
読売新聞中国環境問題取材班『中国環境報告』（日中出版）
若林正丈『台湾』（ちくま新書）
若林敬子『現代中国の人口問題と社会変動』（新曜社）

『日中経協ジャーナル』（財団法人　日中経済協会）
『日中ビジネスQ＆A　vol. 2』（財団法人　日中経済協会）
『East Asia』各月号（霞山会）
『中国総覧』各年号（霞山会）
『国際問題』各関連号（日本国際問題研究所）

あとがき

上海で同僚を失ったその年の秋、一時帰国中に、思いがけず自らの体に病巣が発見された。一刻の猶予もならないということで、東京で治療を受ける手はずを整えた。公館長の中でも多忙を極める上海総領事のポストを長期間空けるわけにはいかないと判断した私は、外務省の官房長に後任人事を願い出た。

急ぎ上海に戻った後も、引き上げ作業、残務整理に実質十日間の余裕しかなく、お世話になった各界関係者の皆様に、十分なお礼の挨拶もできないまま、任地を後にせざるを得なかった。

○四年十一月、帰国と同時に入院した際に医師から告げられた最終診断は末期がん。「手術も放射線治療も間に合いません。化学治療で全身に広がった癌細胞を叩く方法しかありません」ということだった。

癌に関する本を読み漁ったが、なんら楽観できる情報はない。家族の将来がひたすら案じられた。限られた命をどう有効に使うか、時間との勝負となった。

化学治療の副作用は半端なものではなく、体力が消耗し、第一線で働いていたときとは状況が一変した。しかし治療に専念した分、時間的余裕もできた。これまで雑務に追われて十分フォローできなかった文献・資料を読んだり、見舞いに訪れてくれる中国の友人や専門家とより深い意見交換をすることもできるようになった。

その中で、これだけ相互依存関係を深め、いまやアジアのみならず世界の安定的な発展に不可欠となった日中関係において、五年間も首脳同士の対話が中断するという異常な状態が続いていることに対し、改めて非常に強い違和感を覚えた。病床に伏せながらも、職業柄、日本国際問題研究所に毎日届く膨大な情報の閲覧も中国関係を優先し、チャイナウォッチを断つことはなかった。これまでの経験をもとに、現在の日中関係に何か貢献したいという思いが強くなり、周囲の勧めがきっかけとなって本書を書くことを決意した。それがまた、今日まで自らを奮い立たせる活力となっていたことも確かだ。同じように、それぞれの目標に向かい、日々「生きる」ために戦っている闘病中の戦友の励みになればとも願っている。

抗がん剤の副作用で頭が朦朧とするなか、薬で痛みを抑えながらパソコンに向かい、家族、友人、同僚の激励に後押しされながら何とか書き上げることができた。助けて下さった皆様に、この場を借りてお礼を述べたい。とりわけＰＨＰ研究所第一出版局の安藤卓局長、Ｖｏｉｃｅ編集部の中澤直樹副編集長の両氏には大変お世話になった。文章をまとめるにあたり、加藤鉱氏の協力を得た。加藤氏の助力がなければ本書は日の目を見なかったであろう。

最後に、本書を、上海で自らの命を絶った同僚の冥福を祈るために奉げる。また、奇跡を信じて完治を祈ってくれている家族、両親、兄弟に感謝の気持ちを込めて贈りたい。

杉本信行

二〇〇六年五月

〈著者略歴〉
杉本信行（すぎもと　のぶゆき）
昭和24年、京都市生まれ。昭和47年、外務公務員採用上級試験合格。昭和48年、京都大学法学部卒業。同年、外務省入省。昭和56年、経済協力局技術協力第一課首席事務官。昭和58年、在中華人民共和国日本国大使館一等書記官。昭和61年、在フランス日本国大使館一等書記官。平成3年、経済協力局国際機構課長。平成5年、交流協会総務部長（台湾）。平成8年、欧州連合日本政府代表部公使。平成10年、在中華人民共和国日本国大使館公使。平成13年、在上海日本国総領事館総領事。平成17年、日本国際問題研究所主任研究員。共著に、小島朋之編『アジア時代の日中関係』（サイマル出版会）がある。

大地の咆哮《ほうこう》
元上海総領事が見た中国

2006年7月7日　第1版第1刷発行
2006年8月23日　第1版第6刷発行

著　者　杉本信行
発行者　江口克彦
発行所　PHP研究所

東京本部　〒102-8331　千代田区三番町3番地10
学芸出版部　☎03-3239-6221（編集）
普及一部　☎03-3239-6233（販売）
京都本部　〒601-8411　京都市南区西九条北ノ内町11

PHP INTERFACE　http://www.php.co.jp/

制作協力
組　版　PHPエディターズ・グループ
印刷所　図書印刷株式会社
製本所　株式会社大進堂

ISBN4-569-65234-4

PHPの本

日本文明の興廃

いま岐路に立つこの国

中西輝政　著

正しい国家観、歴史観、世界観とは何か。戦後の弊害と新たな希望がないまぜになった現状を切りひらくために必読の渾身の論考。

定価一、七八五円
（本体一、七〇〇円）
税五％

PHPの本

中国の「核」が世界を制す

伊藤　貫　著

二〇二〇年以降、中国の核威嚇に対して日米安保は機能しない!? 日・米・中の政治指導者が日本国民に読ませたくない「禁断の書」。

定価一、四七〇円
（本体一、四〇〇円）
税五％